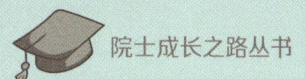
院士成长之路丛书

U0709552

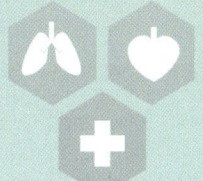

钟世镇院士
成长之路

广州市科学技术协会
广州院士活动中心　编著

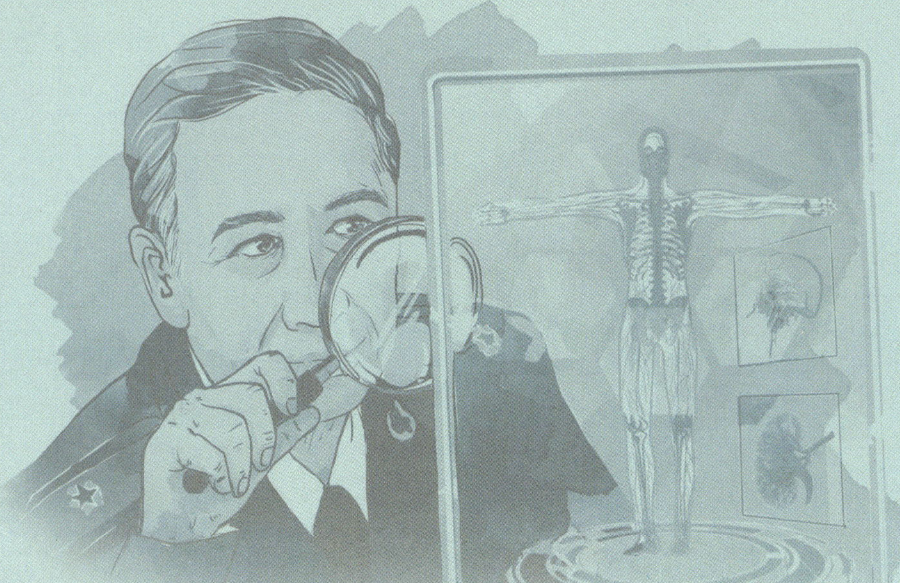

SPM 南方出版传媒
广东科技出版社 | 全国优秀出版社
·广州·

图书在版编目（CIP）数据

钟世镇院士成长之路 / 广州市科学技术协会、广州院士活动中心编著 . —广州：广东科技出版社，2019.6
（院士成长之路丛书）
ISBN 978-7-5359-7047-3

Ⅰ . ①钟⋯ Ⅱ . ①广⋯ ②广⋯ Ⅲ . ①钟世镇—生平事迹 Ⅳ . ①K826.2

中国版本图书馆CIP数据核字(2019)第004405号

特别鸣谢

本书的编写和出版，得到了李忠华老师的大力支持。视频的解说者：逸波女士，视频背景音乐演奏者：李俊辰同学、蔡欣怡同学。在此深表谢意!

钟世镇院士成长之路（院士成长之路丛书）
Zhong ShizhenYuanshi Chengzhang Zhilu（Yuanshi Chengzhang Zhilu Congshu）

出 版 人：朱文清	http://www.gdstp.com.cn
项目统筹：姚 芸	E-mail：gdkjyxb@gdstp.com.cn（营销）
责任编辑：李 旻 刘锦业 刘 耕	E-mail：gdkjzbb@gdstp.com.cn（编务室）
项目支持：陈伟国	排 版：广州市友间文化传播有限公司
特约编委：李 钢 冯海波	（广州市环市东路水荫路29号
封面绘画：陈凤翔	邮政编码：510075）
内文绘画：赖晓艳 徐晓琪	经 销：广东新华发行集团股份有限公司
装帧设计：李 树	印 刷：广州一龙印刷有限公司
版式设计：友间文化	规 格：889mm×1 194mm 1/32
责任校对：梁小帆	印张3.5 字数70千
责任印制：彭海波	版 次：2019年6月第1版
出版发行：广东科技出版社	2019年6月第1次印刷
（广州市环市东路水荫路11号	定 价：38.00元
邮政编码：510075）	

如发现因印装质量问题影响阅读，请与承印厂联系调换。

《院士成长之路丛书》
序言

科技兴则民族兴，

科技强则国家强。

这套丛书是送给每一位读者，特别是中华少年的礼物。

院士们传奇的人生、崇高的品德，

院士们不忘初心、不辱使命、精益求精、锐意进取的精神，

将激励每一位读者爱科学、学科学，

将引导每一位读者张开想象的翅膀，翱翔科学的天空，

将帮助每一位读者开启创新的思维，养成求真的品格，构筑美好的未来。

这套丛书也是给院士们的献礼，

致敬他们为科技发展、国家强大所付出的艰辛和努力，

致敬他们面对辉煌的从容，遭遇挫折的淡然。

我们期待，

用科学之光，探光明之路。

院士寄语 青少年

走坎坷成才路
守科学发展观

科普 十大问

1 古老的解剖学起源于何时何地？

2 传统的解剖学有什么特点？

3 现代临床解剖学是指导临床还是服务于临床？

4 解剖学对显微外科有何贡献？

5 你知道传统的人体标本是如何制作的吗？

6 什么是管道铸型标本？

7 临床解剖生物力学的实验，为"神舟六号"飞船提供过什么参考数据呢？

8 什么叫手术导航？

9 什么叫复制医学？

10 你看过虚拟仿真手术视频吗？

CT 血管仿真内镜成像
虚拟仿真血管内镜漫游，有身临其境之感，可以微创手术治疗血管病变。
（北京天坛医院提供）

腹部大血管转动
CT 三维重建技术，可全方位、多角度观察病人腹部血管情况，针对病人个体化治疗。

目 录
Mulu

解剖学家的 **配角人生**

跖底动脉型
　　这是一个教学视频，用于了解足底动脉的一种变异情况。
　　切掉覆盖第一跖骨和第二跖骨肌肉的一角，将肌肉牵开，并取下第一跖骨和近节趾骨，可从第一跖骨和第二跖骨的间隙寻找暴露血管。
　　如果医生不了解这种变异类型而没在手术时做相应处理，手术可能失败。

化腐朽为神奇 硕果累累

CTA 数字化术前准备
　　数字化医学技术可以显示足部各种层次结构。用于手术前医生了解病人个体解剖结构，有助于精准治疗。（南方医科大学黄文华提供）

解剖学家的

配角人生

官宦子弟 早当家

故事，要从 1925 年 9 月 24 日开始说起。

这一天，在梅州五华县一个叫作冰鉴村的地方，一名男婴降临到了这个世界。按照家族"世代传芳"的辈分排法，他是"世"字辈，得名"钟世镇"。

说起来，钟世镇还是一个"官二代"，他的父亲当时曾经在广东的几个县担任过县长。只是，这位县长父亲却很少在钟世镇的生活中出现——在外当官的他，难得回家一次。

还好，钟世镇的母亲李氏，是一位知书达理的女人，一个人支撑起了整个家。而钟世镇，也可算是"官宦子弟同样能够早当家"了。从小，他就和家中的长工一起干各种农活，虽然

从小，钟世镇就和家中的长工一起干各种农活。

1932 年，已经 7 岁的钟世镇，被母亲送进了村里的私塾，开始了自己的求学生涯。

艰辛，但是在后来的人生岁月中，这种生活中的磨炼，却也给了他一种能够在逆境中坚持隐忍、勤奋顽强的品质。

　　1932 年，已经 7 岁的钟世镇，被母亲送进了村里的私塾，开始了自己的求学生涯。

　　当时虽然已经是民国时期，但是私塾，作为中国旧式教育的载体，却依然在中国的乡村中普遍存在着。一个秀才，几册启蒙读本，若干稚童，如此而已。

　　在私塾里，年幼的钟世镇每天如同念经一般读着"人之初，性本善，性相近，习相远……"

　　如果只是沿着旧式教育的路径，未来的钟世

解剖学家的配角人生

镇会成为一个什么样的人，又有谁能知道？或许，只是一个认识一些字，会背圣贤书的农村小子而已。

母亲虽然并不识字，却能够看出时代已经在改变。于是，一年之后，8岁的钟世镇离开了整日摇头晃脑的私塾，进入了当地的培英小学，开始接受新式教育。

只是，这间培英小学，却算不上一所正规的学校。在当时的中国，许多学校都是由外国的传教士所开办，培英小学同样如此。创建学校的传教士离开之后，培英小学的师资非常匮乏，课程上也不成体统。大体上来说，课程的内容多为识字、唱歌、做游戏和户外活动。

虽然如此，但毕竟当时培英小学的老师们已经受到了新文化运动的影响，上课的时候还是强调传授新知识。年幼的钟世镇，在这种氛围的影响下，渐渐开始了对外面世界的向往。

一定要走出去。

1939年，钟世镇终于离开了生他养他的村子，沿着崎岖的山路，来到了五华县华城镇——入读这里的五华乐育初级中学。这所学校同样是由教会所创办。不过，这里的师资和教学显然比山村小学要强太多。在这里，钟世镇喜欢上了数学和体育，也会经常去教会的福音堂聆听唱诗班唱圣歌，还会时不时地和同学们一起，自编自演一些话剧。在参演的话剧中，钟世镇和同学们还会抨击讽刺社会上的丑恶，譬如不法奸商的囤积居奇现象。

"你、你、你、你这个坏东西，市面上日常用品不够用，你一大批一大批囤积在家里。只管你发财肥自己，别人的痛苦，你是全不理……"

此时的中国，已经开始了艰苦卓绝的八年抗战。虽然战火还没有蔓延到五华地区，但是"抗战"已经是学校中经常被提及的话题。而钟世镇，也第一次听说了，在遥远的中国西北，有一个地方，名叫"延安"。

就读高中　朦胧的爱情在发芽

度过了愉快的三年初中生涯，钟世镇又升学进入了远在梅州首府梅县的乐育高级中学。

乐育高中，可是当时梅县最好的学校之一。在这里，钟世镇学会了踢足球。要知道，足球这项运动之所以在梅县地区流行，并且如今的梅县有着"足球之乡"之称，和乐育高中有着很大的关系。

乐育高中，可是当时梅县最好的学校之一。在这里，钟世镇学会了踢足球。

解剖学家的配角人生

1914 年，瑞士人万保全来到梅县担任乐育高中新一任的校长，而这位万校长曾经是瑞士国家足球队的队员，他不仅将足球带到了乐育高中，更是将乐育高中校足球队培养成了一支足球劲旅，也因此带动了梅县其他学校足球运动的开展。

勤奋又好学的钟世镇，在学业上经常名列前茅，学有余力的他，也就有了很多的精力投入到足球运动中去。经常参与体育锻炼的他，有着不同于南方人的高大身材，而从小打下的良好身体素质，也为他今后辗转奔波多地，却始终能够保持良好的生活和工作状态，提供了坚实的保障。

不过，相比起学业和运动来说，乐育高中所给予钟世镇的最大收获，是第一次体会到了爱情的滋味。

在乐育高中，钟世镇与初中时就已经相识的同学古乐梅又相遇了，而且又是同班同学。古乐梅出身于一个基督教家庭，祖父是牧师，而父亲则是一位医生。在初中，由于两人的学习成绩都位居班级前列，所以经常被老师叫到讲台上做示范，久而久之，就成了同学们开玩笑的对象，所谓"钟鼓齐鸣好般配"。

在初中，由于钟世镇和古乐梅的学习成绩都位居班级前列，所以经常被老师叫到讲台上做示范。

只是，这颗爱情的种子却并没有很快发芽。在高中，钟世镇一再地鼓起勇气将古乐梅约出来见面，但是当他真正面对心上人的时候，心中的千言万语，却因为羞怯而无法吐露半分。

终于，钟世镇决定用书信的方式，倾诉自己内心的真情。通过一位女同学，这封情书被交到了古乐梅的手中。

但是，古乐梅却并没有回应，或许，是因为家庭氛围的保守，或许，是因为女孩子特有的矜持，古乐梅保持着沉默。不过，两个人却都心照不宣：这个人，将会是自己的归宿。

热血沸腾　参军梦想上阵杀敌

只不过，美好的爱情还要接受分离的考验。

1944 年，日本侵略者仍然在垂死挣扎。民国政府此时提出"十万青年十万军，一寸山河一寸血"的口号，让无数青年热血沸腾，而钟世镇就是其中的一个。他和其他十几名同学，报名参加了青年军，渴望着能够投笔从戎，上阵杀敌。当时民国政府，希望通过发动知识青年参军，来增强军队的素质和战斗力。要知道，当时的国军里，大部分士兵都是文盲或者半文盲，无法胜任有一定技术要求的战斗岗位。

临行前，他将古乐梅约到了学校外的小树林，将自己要从军的消息告诉了她。两人默默无语，眼神中却都流露着牵挂和不舍。不过，通情达理的古乐梅理解和尊重钟世镇的决定，目送心上人的离开，心里呼喊着：等你归来。

临行前，钟世镇将古乐梅约到了学校外的小树林，将自己要从军的消息告诉了她。

但是，一心想要上战场杀敌的钟世镇，却并没有如愿。

他和其他参军的同学们，首先来到了广东的蕉岭县集中并开始了三个月的新兵训练，之后，又被送到了福建龙岩的军士队进行训练。军士队训练结束后，钟世镇被编入了青年军二零九师六二五团三连。先是回到了蕉岭驻防，然后又前往福建南平驻防，接着又南下到福州待命。在马尾没有待多长的时间，又乘船前往浙江宁波，随后又被调往浙江余姚的百官镇。

调防频繁，可是一心想参与战斗、上阵杀敌的钟世镇，却连敌人的影子都没有见到过，直到日本宣布投降，第二次世界大战结束。

壮志未酬的他，并不愿意成为国民党打内战的炮灰。于是，他决定要退伍回家，继续自己的学业，还有心中的那个她。

人生总是面临着无数的选择，每一次的选择，都在改变着人生的走向。如果当年的钟世镇继续留在军队之中，前途如何难以预料，但是至少中国却会因此而少了一位人体解剖学领域的宗师。

钟世镇和其他参军的同学们，首先来到了广东的蕉岭县集中，开始了三个月的新兵训练。

回到课室 考上中山大学医学院

在钟世镇从军期间，古乐梅却已经在 1945 年的秋天考上了广州中山大学医学院（当时称中山医学院，2001 年与中山大学合并后改为现名）。在坚持和争取之下，钟世镇终于如愿以偿地复员之后，才知道这一消息。而此时的他，心里却犹豫起来，当年的报国豪情，如今却只是空谈，如何面对已经是大学高材生的她？

解剖学家的配角人生

于是，钟世镇下定决心，不仅要考上大学，而且也要考上中山大学医学院。

爱情的力量是无穷的。

很快，钟世镇的身影就出现在了美丽的西子湖畔。他和几个朋友，来到了杭州参加升大学的高中课程补习班。

从一个稚嫩的中学生，到训练有素的军人，如今又回到了课桌旁。可想而知，当时的钟世镇内心，是有多少感慨在心头。

不过，虽然身处有着与"天堂"齐名的杭州，但是钟世镇却根本无暇顾及窗外的风景。他知道，自己必须付出更大的努力，才能重新走上人生的正轨，回到她的身旁。

功夫不负有心人。经过三个月的苦读，钟世镇终于收获了成功——被中山大学医学院录取。

在报考大学的时候，钟世镇同样面临着选择。他，同样有机会进入上海的同济大学就读工程专业。如果他当初选择了同济大学，或许中国，就会多了一位工程技术的专家。但是，与古乐梅在一起，是他心头最大的期盼。于是，就在他下定决心

于是，钟世镇下定决心，不仅要考上大学，而且也要考上中山大学医学院。

的那一刻，中国少了一名工程技术专家，却从此多了一位将影响和带动整个人体解剖学跨越式发展的领头人。

1946 年秋，钟世镇第一次来到了广州。他迫不及待地来到了学校，来找古乐梅。当他们再次相见的时候，仿佛有千言万语，但是却语塞心头。

他眼中的她，已经不是那个清秀的高中女生，而是浑身上下洋溢着知识女性的气息。

她眼中的他，戎装褪去，已经成长为一名成熟有着勇武气质的男人。

那一刻，他只是轻轻地告诉她，我也来这里上学了。

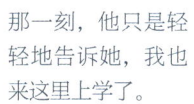

那一刻，他只是轻轻地告诉她，我也来这里上学了。

当时的中山大学医学院，已经是整个华南地区办学规模最大、设施最好、师资力量最强的名牌综合性大学。但是，在日本占领期间，学校遭到了严重的破坏，校舍都残破不全。钟世镇入学的时候，学校刚刚从粤北山区迁回广州，连基本的教学条件都无法保障，甚至连宿舍，都只是由钟世镇和几个同学，自己动手修复了一间稍微像点样子的房子而已。

为了能够保证教学的顺利开展，钟世镇和同

解剖学家的配角人生

学们还偷偷地来到了黄花岗附近的野坟堆中，扒开无主土坟，将其中的尸骨背回学校，简单地消毒后，就当作人体的骨骼标本来使用。

这些事情，在今天的人们看来，如同天方夜谭，但是在那个艰难的岁月中，我们的前辈们却是这样，在最原始、最简陋的环境中，艰苦奋斗，努力开拓。

钟世镇回忆当年的一幕幕，认为在学校的经历如同参军一样，都磨炼了他的性格和精神，让他适应环境、克服困难的能力都得到了很大的提高，所以也特别值得珍惜。

在学习中，钟世镇的聪明才智得到了很大的发挥，不仅学业上总能名列前茅，而且其他方面也表现突出，因此也得到了同学们的信赖而被推选为班长。

在爱情上，两个年轻人的感情也在不断地升华着。

甜蜜爱情　终于瓜熟蒂落

在艰难和甜蜜中，日子一天天地过去。转眼就来到了1949年，钟世镇渐渐感受到，时局要发生翻天覆地的变化了。

此时正是黎明前的黑暗。国民党军队面对即将失败和灭亡的命运，开始疯狂进行破坏。而"反饥饿，反迫害，反内战"的民主爱国运动也在轰轰烈烈地开展着。青年学子们纷纷走上街头进行示威游行，却遭遇到国民党反动派的殴打。面对此情此景，钟世镇内心那种上战场的热血再次沸腾起来，一度希望

欢迎你加入护校应变委员会！

虽然最终没有去到东江纵队，但是钟世镇积极加入了由地下党组织成立的护校应变委员会，成为以学生联合会骨干成员为主组成的护校纠察队的一分子。

能够加入东江纵队，亲身参加到解放战争的滚滚洪流中去。

虽然最终没有去成，但是钟世镇积极加入了由地下党组织成立的护校应变委员会，成为以学生联合会骨干成员为主组成的护校纠察队的一分子。

由于钟世镇参加过青年军，有着过硬的军事素质，身体好，而且平时深受师生们的信赖，就被推举成为纠察队的队长。在那些日子里，他每晚都要带着同学们，分组在学校的重要位置巡逻，以防有敌对分子潜入进行破坏。

1949 年 10 月 1 日，中华人民共和国成立了。

当钟世镇和同学们在收音机中听到新华社的新闻播报时，心中升腾起无比激动的火焰。

解剖学家的配角人生

很快，解放军一路摧枯拉朽。1949 年 10 月 14 日，解放军挺进市区，广州解放。

中山大学医学院也因此而迎来了自己的新院长——原澳门地下党负责人柯麟。在新院长的领导下，医学院很快走上正轨，增添设施，调配师资，教学秩序逐渐恢复。

通过自己的亲身接触，钟世镇也逐渐增加了对共产党的了解。柯麟以及其他共产党人身上的那种踏实、朴素、廉洁的作

原澳门地下党负责人
柯麟

中山大学医学院的新院长——原澳门地下党负责人柯麟。

风，给他留下了深刻印象，与以往国民党反动派们的倒行逆施，形成了鲜明的对比。

1950 年 5 月，钟世镇成为中山大学医学院首批入团的新民主主义青年团（后改称共产主义青年团）成员，并担任了团支部书记、团总支部委员。

但是不久，钟世镇和古乐梅又再一次面临着分别。

原来，到了 1951 年 2 月，古乐梅马上就要毕业，因为专业成绩优秀，原本可以留校任教，但是由于抗美援朝战争的需

要，全国所有医学院校应届毕业生都要服从大局，优秀毕业生首先要满足部队的需要。

很快，古乐梅就接到了上级的命令，要在 8 月 8 日到武汉报到。只是，此次的分别已经不同于高中时代的惜惜相别。钟世镇此时 26 岁，古乐梅也已经 25 岁，都到了谈婚论嫁的年龄。于是，两人商议之后决定先结婚。

1951 年 8 月 3 日，他们到民政部门办理了结婚证。8 月 5 日，他们和另外三对新人一起，在中山大学医学院举行了集体婚礼。就在新婚的第三天，古乐梅登上了前往武汉的火车。

一个选择　从此配角人生

此时也已经是钟世镇六年大学生涯的最后一年，由于当时基础课程的师资奇缺，于是，中山大学医学院就要求六年级的学生提前定岗参加工作。

身为团支部书记的钟世镇，接受了柯麟下达的为毕业生定岗位的任务。那时候的人，朴实而有觉悟，钟世镇按照先人后己的原则，把自己留在了选择岗位的最后一个。而这一次选择，也决定了钟世镇此后一生的发展方向。

在全班同学都选好了岗位之后，此时，留下的只有解剖学科岗位，由于人体解剖学要经常与尸体打交道，所以并不受人欢迎。而一直以来，钟世镇所向往的也都是能够成为一名外科医生，但是，对于他来说，无论选择什么样的岗位，都会以乐

观积极的态度去面对。于是，就这样，钟世镇来到了中山大学医学院解剖教研室实习助教的岗位。

只不过，此时中山大学医学院解剖学教学岗位几乎是空白一片，平时的教学都要聘请广州光华医学院教务长、著名解剖学专家叶鹿鸣来授课。也正是这位叶教授，成为钟世镇解剖学事业的启蒙者。叶鹿鸣教授曾经留学美国，在解剖学方面的造诣很高，由于工作繁忙，他平时到中山大学医学院只负责讲课，而解剖实习指导、辅导老师都由实习助教来承担。

1988 年钟世镇和恩师叶鹿鸣教授合影。

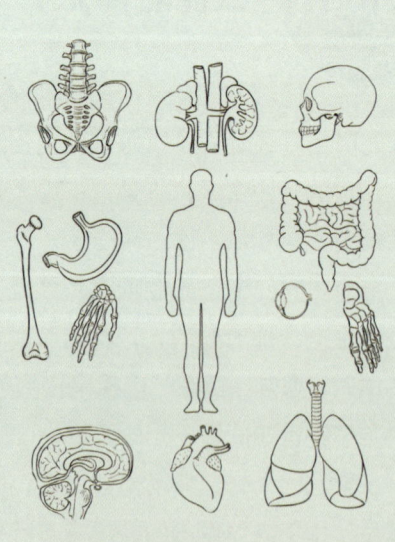

于是，钟世镇来到了中山大学医学院解剖教研室实习助教的岗位。

在担任实习助教一年多的时间里，钟世镇收获很大。他在协助叶教授教学的同时，还参加了在光华医学院举办的"中南高级解剖学师资培训班"，边学边教，虽然辛苦，但是却能很快地将所学传授出去，为自己在人体解剖学上打下了牢固的基础。

而古乐梅到武汉参加国防卫生建设的集中学习后，被分配到了江西南昌中国人民解放军第六军医大学（当时称为华中军医学院）生理教研室担任助教。两人只好通过书信往来，互诉衷肠，互相鼓励。

当钟世镇要毕业的时候，他的想法依然是能够成为一名外科手术医生，救死扶伤。而这一想法也得到了柯麟院长的支持。柯麟明确表示，希望钟世镇依然留在医学院工作，并且会向南昌方面发函，将古乐梅调回广州工作。

但是，好事多磨。毕竟古乐梅在第六军医大学也是急需的人才，领导并不愿意放人。此时，钟世镇再次面临着人生的分叉口。要么坚持古乐梅回广州工作，要么自己前往南昌工作。而在多次沟通之下，古乐梅也渐渐倾向于丈夫来南昌，来到军营中。

事情当然不会如他们所愿般顺利。此时，已经变成第六军医大学和中山大学医学院之间的人才之争，双方都不愿意放人，并且还想为自己多争取一名人才。

在焦急的等待之中，终于等来了好消息。这一天，钟世镇接到了校方的通知，同意他去南昌。原来，在双方的不断交涉之下，终于达成了协议，钟世镇被调往南昌工作，而另外一名中山大学医学院的毕业生则从南昌调回广州，也是和自己的爱人在广州相聚，算得上是两全其美了。

解剖学家的配角人生

钟世镇一边在课
堂上教学，一边
拿着解剖刀在实
验室中实践着。

　　来到南昌之后，钟世镇选择从事解剖专业的工作。这个决定其实并不被人看好，因为在当时，人体解剖学已经被公认走到了尽头，不会再有什么发展。但是在之前一年多的工作实践中，钟世镇不仅爱上了这门学科，同时也有了自己的想法。他认为，解剖学不仅没有走到尽头，而且如果能够与其他学科相结合，甚至还有很大的探索和发展的空间。

　　就这样，钟世镇一边在课堂上教学，一边拿着解剖刀在实验室中实践着。

　　个人的命运，总是随着历史的风云而变幻飘摇。

　　此时，一场小小的风波，降临到了钟世镇的身上。

　　原来，钟世镇当年参加三青团和青年军的事情，被组织上提及，因此，夫妻两人的入伍手续受到了影响而暂停办理。不过，组织上却并没有把钟世镇的问题当成什么天大的事情来处理，虽然两人并没有像其他人那样穿上军装，但是在其他方面，却没有什么两样。钟世镇还被推选为所在训练部青年团委的支委兼学习委员。

学校搬迁到重庆　遇上名师

1953 年 8 月，他们在南昌迎来了女儿钟玲的降临。小生命的到来，让这对原本埋头于工作之中的年轻夫妻，无疑增添了许多的乐趣。

1954 年 8 月，古乐梅接到通知要到北京协和医学院进修，参加在那里举办的生理学候补博士研究生班的学习。与此同时，学校接到了中央军委的命令，将搬迁到重庆，与第七军医大学合并，但仍称第七军医大学。

1953 年 8 月，他们在南昌迎来了女儿钟玲的降临。

又要分别了。不过这一次，不仅仅是两人之间的分开，更是和年仅一岁的女儿的分别。为了工作和大局，古乐梅将女儿送回了广东兴宁老家，让母亲来照顾。

接着，他们启程前往山城重庆，在那里，又会有什么样的故事将要发生呢？

来到位于歌乐山下的第七军医大学，在简单落脚之后，古

解剖学家的配角人生

乐梅就马不停蹄地又出发北上了。虽然又变成了"孤家寡人"，钟世镇却很容易就适应了环境。工作的教研室离住处不远，走路上下班也很方便。

在第七军医大学的解剖学教研室，钟世镇又遇到了人生路上的一位好领导、好导师——教研室主任何光篪教授。何光篪教授曾经在加拿大多伦多大学留学，师从当时国际解剖学的巨星级人物、多伦多大学医学院教授格兰特。能够在这样一位水平极高的教授手下工作，对于钟世镇来说，无疑是受益无穷的。

在钟世镇的记忆中，虽然何光篪在业内是一位如雷贯耳般的人物，但是性格却温和敦厚，谦虚有礼，治学严谨。而何光篪也很喜欢眼前的这位年轻人，在他看来，钟世镇踏实肯干，而且在学术科研上也很有头脑，是值得培养的学术新星。

从何光篪那里，钟世镇打开了自己的学术视野。他得知，格兰特教授对解剖学有三大世界级的贡献：一座以他的名字命名的标本博物馆，一部《格兰特解剖学方法》专著，一本《格兰特解剖学图谱》。也因为格兰特教授的巨大贡献，使得多伦多大学医学院成为解剖学界的"圣地"。

为了培养钟世镇，何光篪一方面罗列了一系列的国外解剖学经典著作让钟世镇攻读，让他打牢基础，拓宽知识面，另一方面也不断在课堂上引导钟世镇，让他授课和科研同步发展，培养他的学术研究热情。也正是在那里，钟世镇第一次来到了标本陈列室，眼前的数百具人体骨骼标本，让他感到震撼。

钟世镇为自己设计了初步的科研计划——他希望能够完成颅骨体质调查。颅骨体质调查是体质人类学的重要研究方法之一，颅骨的主要作用就是保护大脑，通过对颅骨的数据分析，可以知道某一种族或者人群的人类学特征。不过，要想完成严谨的学术调研，必须有足够数量的颅骨标本，以便测量并获得足够的数据。

于是，在那段时间里，钟世镇一有时间就会来到骨标本库。在这里，他把所有的颅骨都一一找来，辨认特征，按照不同类别进行分组，并进行测量，然后记录下数据。

就这样，经过几个星期的努力之后，他把形成的人体颅骨特征资料交到了何光篪教授面前。让钟世镇没有想到的是，何教授并没有直接对他的数据资料进行点评，而是勉励他进一步研究脊髓动脉分支的课题，因为脊髓的供血有着重大的功能意义。

大约一个星期之后，何教授却突然将钟世镇叫到了骨标本库。在这里，他让钟世镇演示了自己做测量的方法。

当钟世镇在疑惑中做了一遍演示后，何教授却严肃起来，指出他的测量方法不对，并且教导他用精确的方法重新进行测量。而重新测量的结果显示，钟世镇之前所做的数据，仅有一半左右是准确的。

此时的钟世镇，尴尬得简直想找条地缝钻下去。他万万没有想到，自己几个星期的工作成果，竟然如此经不起深究。

但是，这次经历却又让钟世镇受益匪浅，在后来的科研生涯中，他也是以这样的严谨态度来要求自己的学生们。

接着，钟世镇按照何教授的嘱咐，进行了椎动脉的课题研究。在忙碌了三个多月之后，他形成了一份一万多字的论文《椎动脉及基底动脉分支的研究》。

虽然何教授对这份论文给予了一定的好评，但是依然向他指出，论文的格式不规范，不符合科研论文的写法和要求，要求他按照《解剖学报》的投稿须知重新改写。

解剖学家的配角人生

何光篪教授让钟
世镇站在旁边，
给他逐字逐句地
修改论文。

　　很快，钟世镇就将论文修改完毕。当他再次将论文送到何
教授手中时，何教授让他站在旁边，给他逐字逐句地修改论文，
连标点符号都不放过。终于，钟世镇完成了论文的第二稿。

　　正当钟世镇以为论文已经获得老师的认可时，何教授却又
向他提出了新的要求。

　　原来，何光篪认为，钟世镇的这篇论文，在论点和内容上
还有进一步提升的空间，于是，就向钟世镇提出了不少的建议。

　　虽然，论文一直没有通过，但是在聆听老师的教诲时，钟
世镇的心头却是温暖的，他知道，只有这样细致入微、精炼严
谨的治学态度，才能帮助自己在科研道路上走得更远。

　　在何教授的悉心指导之下，钟世镇最终完成了《椎动脉颅
内段、基底动脉及其分支的观察》这一论文。或许，在茫茫学
术海洋之中，这篇论文并不起眼，但是对于钟世镇来说，这是
他学术生涯上意义重大的一项成果，可以说，他后来从事标本
制作、显微外科研究、建立临床应用解剖学研究体系，都与在
撰写这篇论文过程中所受到的科研启迪不无关系。尤其是何光

簏言传身教的那种治学精神，更是成为钟世镇一生的精神财富。

论文最终发表在了 1958 年第三期的《解剖学报》上，这也是钟世镇大学毕业后，在人体解剖学领域的第一篇学术论文。

开始尝试 中国人体质调查

钟世镇是一个在学术科研上不断给自己设定新目标的人，当年何光簏之所以非常看重他，也正是看出了他身上的这股不停歇的探索精神。

1955 年春节刚过，钟世镇就向何光簏提出，他想进行中国人的体质调查研究。看着眼前的这位年轻人，何光簏只说了一句话："我支持你！"

为什么要做中国人的体质调查？钟世镇并不是一时兴起，而是深思熟虑的结果。

早在 20 世纪 30 年代，西方国家就已经基本完成了体质调

我支持你！

何光簏看着眼前的这位年轻人，只说了一句话："我支持你！"

解剖学家的配角人生

查。中国人口众多，生活环境、地理位置差异较大，体质特征自然会存在差异，但是中国却一直没有开展体质调查这项工作，所以钟世镇希望能够由自己来填补这一空白。

虽然得到了何光篪的支持，但是摆在钟世镇面前的困难却不小。

最大的困难在于，能够用来做调查的人体标本数量严重不足，可是在当时的条件下，哪怕想得到一具完整的尸体都很困难，更别说要大量的尸体了。

既然困难摆在眼前，那么就直面难题，这才是勇者的态度。

在同事刘正津的帮助下，钟世镇不断地用各种方法收集残肢断臂，渐渐地，竟然获得了近百具局部解剖课后用剩的残缺尸体。

在那段日子里，钟世镇就是在福尔马林的气味中度过了每一天。严寒和酷暑，都无法阻挡他在科学的道路上前行。

半年之后，钟世镇终于取得了成果。《中国人肺的支气管和血管》等一批中国人体质调查论文陆续写成，并且还获得了何光篪等老师们的肯定。此时的钟世镇已经迅速成长，通过大量阅读和亲身实践，理论知识的储备已经相当丰富，也让他可以自如地在人体解剖学领域中遨游。

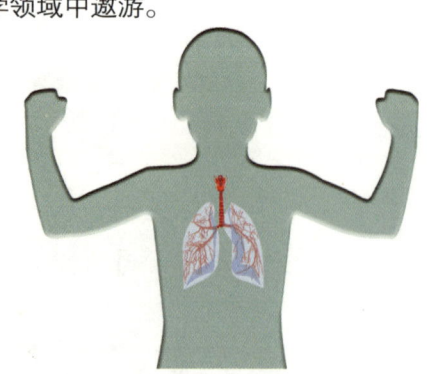

《中国人肺的支气管和血管》等一批中国人体质调查论文陆续写成，并且还获得了何光篪等老师们的肯定。

因为历史问题而被隔离

可是，在那样的年代里，要想"两耳不闻窗外事，一心只读圣贤书"是何其困难。

1957 年，大规模的"反右"运动开始了。

运动开始后，学校的气氛就大大地改变，每天都陷入了文山会海之中，从上至下，每个人都要参与数不清的学习和交流，一片动荡。

一开始，钟世镇还能够置身事外，依然在那间被临时用来做标本室的浴室里，收集着中国人体质调查的第一手资料。

但是，好景不长。很快，群众性的"反右"运动来了。紧接着，又是"肃反整治运动"。

终于，风潮刮到了钟世镇的身上，他的历史问题又被人提了出来。于是，他接到了通知，被隔离到学校印刷厂的职工宿舍，地处一片荒芜的凤鸣山下。

这个时候，继续从事科研已经是不可能了。被隔离人员不准

钟世镇接到了通知，被隔离到学校印刷厂的职工宿舍，地处一片荒芜的凤鸣山下。

单独行动，而且宿舍门口都有专人看守，哪怕出门上厕所，也要先报告，获得允许后才行。而那段时间里钟世镇和其他隔离人员主要的任务就是将自己过去的"问题"写成书面材料。就这样，经过半年的隔离之后，钟世镇终于回到了工作岗位，虽然组织上还没有对他的"问题"下结论，但是至少，他已经不用再与世隔绝了。

可是，没过多久，钟世镇又接到了通知，要去学校农场参加为期半年的干部锻炼。尽管内心非常不愿意，刚刚重启的中国人体质调查又要被耽搁，并且还要和刚从北京学习回来的妻子分离，钟世镇还是不得不踏上了去农场的路。

每天凌晨 4 点，钟世镇他们就要挑着粪桶来到农场附近的居民区，收集居民们摆放在家门口的马桶，将粪便收取后作为肥料。

在这个位于果儿丘的农场里，一行 20 多人被分成了两个生产班，钟世镇还成了其中蔬菜班的班长。

每天凌晨 4 点，他们就要挑着粪桶来到农场附近的居民区，收集居民们摆放在家门口的马桶，将粪便收取后作为肥料。

钟世镇和同伴们，不仅要收集粪便，还要将马桶清洗后放回原处，然后再挑着已经装满了的粪桶，爬上山后，倒入大粪车中。

其后，还要花一天的时间在菜地、鸭棚、猪舍中劳动，晚上再参加政治学习。

每天都在这样的劳动和学习中度过。不过，也会有些闲暇时间，这时候，钟世镇就会请假到周围转转。他一方面心中仍然放不下体质调查，希望能够与村民们接触，做些活人的体质调查，另一方面也想和村中的赤脚医生们聊聊天，教授他们一些医药卫生知识。

与村民们的接触，确实给了钟世镇很大的收获。

当地的村民普遍家庭贫困，所以大多营养不良，而且饮用水也不干净，所以很多人都患上了钩虫病。钟世镇还发现，其中不少人由于劳动强度大，体形上已经发生了明显的变化，譬如关节粗大、四肢发育不匀称等。

这些观察和发现，也给了钟世镇以启发。来农场之前的体质调查，主要是在尸体上开展的，而这些活人的样本，则是一个非常重要的数据补充。

虽然此时的他，只是被下放到农场锻炼的一名干部，但是钟世镇却依然心系着解剖学研究，并且希望能够挤出时间，来完成中国人体质调查的科研课题。

决心开辟解剖学新道路

也正是在那段时间里，钟世镇开始深深地为基层的医疗水平担忧。在一家县医院里，他目睹了一场阑尾炎手术。

看着医生手中的手术刀落下，钟世镇的心仿佛揪在了一起。原本只是想通过观察最简单的阑尾手术，来了解这所县医院医生操作手术的熟练程度和对基本医疗技能的掌握。可是让他万万没有想到的是，在做好了消毒、麻醉等前期准备工作之后，主刀医生却不管病人的局部肌体结构如何，严重违反了解剖结构原则，盲目地进行手术切开。

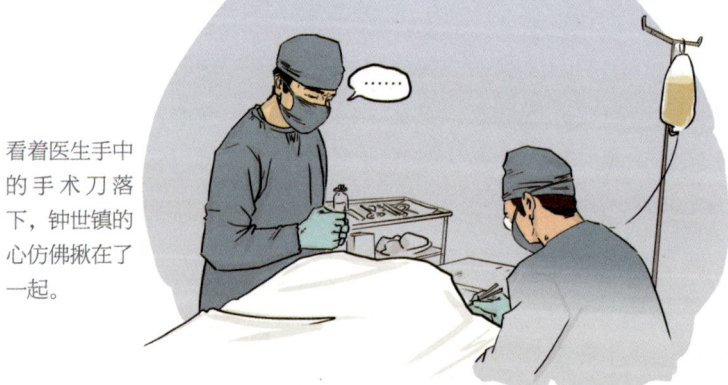

看着医生手中的手术刀落下，钟世镇的心仿佛揪在了一起。

他知道，按照常规的做法，主刀医生在进行外科手术之前，必须熟悉手术部位的解剖结构，神经、血管走向和肌肉的位置层次，这样才能制定损伤较小、显示效果较好的方案并进行手术。随意的手起刀落，不仅增加病人的痛苦，严重的还会割断血管或者神经，给病人造成更大的伤害甚至是终身的残疾。

若干年后，钟世镇重新回到了人体解剖学的工作岗位上，当年在县医院看到的场景时刻浮现在他的脑海。他也因此而明白，在人体解剖学的振兴和发展上，他有太多的工作要去完成。

他决定，要从人体标本的制作入手，为古老的

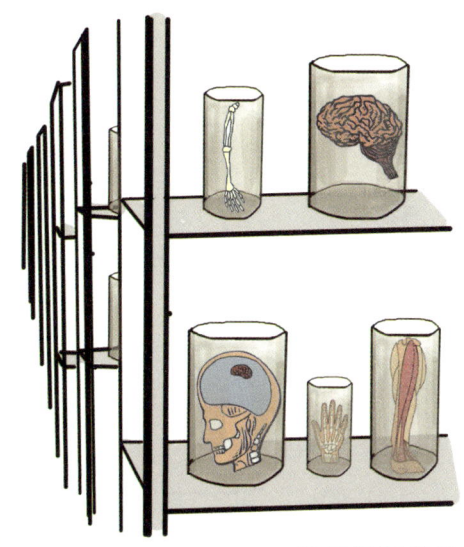

20 世纪 80 年代末 90 年代初，钟世镇所建立的人体标本陈列馆已经达到世界顶尖的水平。

人体解剖学，开辟出一条新的道路来。那时候的他，恐怕自己都没有想到，许多年后，他所建立的人体标本陈列馆，将会达到世界顶尖的水平，甚至超越了格兰特教授的那座人体标本博物馆。

莫名成为 羽毛球队队长参加全国比赛

1959 年春节后，钟世镇在农场的锻炼结束了。

可是，结束的原因却让他感到莫名其妙，甚至农场的场长都不知道为什么。

当他赶回学校的时候，才哭笑不得地得知，原来，他被抽调进入了成都军区羽毛球队，参加即将举行的全军第三届运动会。

解剖学家的配角人生

钟世镇虽然有一定的羽毛球水平，但是他自知仍然属于业余水准，打打业余比赛还能对付，要参加全军级别的竞赛，自己的水平可根本算不上什么。

可是，当时成都军区的有关部门却到处找不到人选参加羽毛球比赛，原因在于羽毛球这项运动并没有在部队中普及。找来找去，终于找到了有一定羽毛球水平、而且在学校运动会上获得过单打冠军的钟世镇。

就这样，钟世镇开始了自己的"运动员"生涯，并且是羽毛球队的教练兼队长。

按照钟世镇的性格，既然要做，那就不能敷衍了事了，所以他找来各种相关的书籍，钻研和揣摩羽毛球的基本技术，包括他在内的几名队员都获得了一定的提高。

只是，封闭式的训练方式，却让钟世镇没能够在儿子出生的时候陪伴在妻子的身旁。最终，经过近一年的训练和比赛，到了 1959 年底，钟世镇的"运动员"生涯结束了。因为在比

1959 年春节后，为了参加即将举行的全军第三届运动会，钟世镇开始了自己的"运动员"生涯，并且是羽毛球队的教练兼队长。

1959 年，钟世镇不仅有了儿子，自己的历史遗留问题也终于有了结论。

赛中，他们通过了预赛而闯入决赛，却终究不是专业队的对手，铩羽而归。

1959 年，钟世镇不仅有了儿子，自己的历史遗留问题也终于有了结论，"一般政治历史问题，不予处分"。对他来说，这也是颇有收获的一年。

转眼到了 1960 年，他和妻子古乐梅终于被批准入伍，成了真正的军人。

确立新方向

制作艺术品般的人体标本

经过几年的折腾，钟世镇也终于能够回到学术的道路上，重新开始中国人体质调查。不仅如此，他还给自己制定了"十年计划"，要与刘正津一起，出版一本《中国人手解剖学》的著作。

从 1962 年至 1966 年，是钟世镇收获一系列学术果实的几年。

以他为第一作者的《中国人肺的支气管和血管》《髂内动脉及其主要分支的观察》《闭孔动脉起源及毗邻关系》《中国人的腰神经丛》《手背肌腱的类型及变异》等论文，相继在《解剖学报》上发表，每年平均发表 3 篇。这样的速度，对于一个青年科研工作者来说，相当不容易。

也因为这些文章的发表，钟世镇开始在国内解剖学界小有名气。

期间，钟世镇还参加了中国解剖学会人体调查委员会有关文献的选编工作，他所提供的中国人体质特征和一系列数据，都被写进了教科书，沿用至今。

而在中国人体质调查基本完成后，钟世镇又

从 1962 年至 1966 年，以钟世镇为第一作者的《中国人肺的支气管和血管》《髂内动脉及其主要分支的观察》《闭孔动脉起源及毗邻关系》《中国人的腰神经丛》《手背肌腱的类型及变异》等论文，相继在《解剖学报》上发表。

开始思考自己新的研究方向。

经过漫漫历史的发展，人体解剖学这一古老的学科，却也迎来了自己的"黄昏"。由于显微镜、电子显微镜等先进技术装备的出现，人体解剖已经被学术界认为走到了尽头，没有继续研究的价值了。

但是，钟世镇却并不这么认为。他计划从人体标本的制作入手，为人体解剖学开辟一个新的起点。

他又钻进了尸体堆中，利用手中简单的工具，开始制作一具具精美如艺术品的人体标本。

在制作的过程中，钟世镇给自己定下了两个目标，一是制作出的标本要能够充分体现出人体结构的巧妙、匀称和精美，二是要保证标本在教学上的实用性。也就是说，要达到科学与艺术的完美结合。

这时候，钟世镇和刘正津就想到了工业上经常用到的浇铸造型方法。

这种方法首先是制作出一个模具，然后浇铸高温的液态金属等，冷却后将模具去除，就得到了所要的模型。而人体本身就布满了各种大大小小、有粗有细的管道，这就如同已经形成了现成的模具，只需要向这些模具中注入容易凝固的化学物质，然后用酸类将多余的肌肉组织腐蚀掉，就能够将人体器官内部的管道形状定型后显现出来。

关键的问题在于，要找到这种容易注入、容易凝固的化学物质。

于是，钟世镇找遍了所能找到的化学物质。

最终，他和刘正津决定尝试使用赛璐珞，也就是塑料的一种。

033

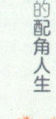

经过多次尝试后，他们发现这种方法是可行的。之后，又尝试在赛璐珞溶液中加入不同的颜色，结果让他们欣喜，制作出的标本也因此呈现出不同的颜色，显得绚烂多彩，分外美丽。

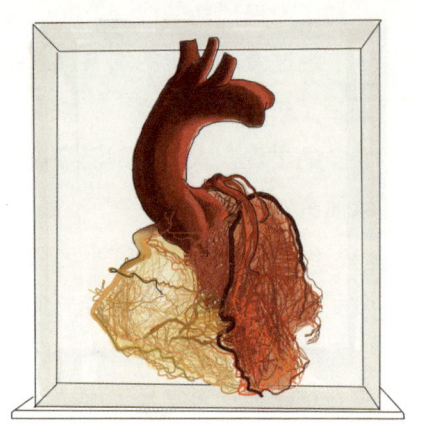

这些制作出来的铸型标本被放到了有保护液的玻璃盒中进行保存。这些悬浮在保护液中的标本，不仅形象逼真地呈现出了器官内部的结构，而且在视觉上，如同一株株美丽的珊瑚。

这是钟世镇当年为人体标本陈列馆做出的第一个铸型标本，给人耳目一新的感受，他却常谦虚地以"雕虫小技"自诩。

取得了初步的成果，显然给予钟世镇以极大的信心。

"文革"中 被批斗进入专政学习班

可是，正当钟世镇准备再接再厉的时候，政治的风云再次席卷而来。1966年，"文革"开始了。在整整十年之中，整个中国都陷入了混乱。无数的专家教授都在一夜之间变成了"反动学术权威"，变成了"牛鬼蛇神"，一场场批斗大会接踵而来。

第七军医大学自然也不可能避免，学校很快就成立了革命委员会，大字报、批斗、游街……

钟世镇遭遇到了造反派们的发难，被命令交代自己的问题。不仅如此，造反派们还将斗争的矛头从他指向了中山大学医学院院长柯麟，认为柯麟是混进党内的反革命分子、修正主义者，所以才会将钟世镇引入了共青团组织。

于是，钟世镇被编进了专政学习班，然后造反派们成立了专案组，到广州、梅州等地区调查他的历史问题。

虽然此前组织上已经对钟世镇的历史问题得出了结论，但是钟世镇依然被扣上了"历史反革命"的帽子。他的一切科研活动均被停止，原来计划的《中国人手解剖学》写作计划也至此搁浅。

在一而再再而三的政治折磨中，钟世镇为了不牵连妻子和儿女，在一次古乐梅为他送被子的时候，递给妻子一张纸条，提出了离婚的请求。

"文革"期间，钟世镇为了不牵连妻子和儿女，向妻子提出了离婚的请求。

解剖学家的配角人生

但是古乐梅怎么可能因为这些问题而离开钟世镇？她也写了张纸条给丈夫，上面写着："老钟，我们一起学习、生活了这么长时间，我最了解你。相信你会把问题向组织说清楚的，相信组织，相信群众。"

在最困难的时候，选择不离不弃，这才是真正的爱情。

1970 年，钟世镇在造反派的押送下，离开了重庆，坐船来到了上海，前往上海第二军医大学。

到了上海之后，钟世镇依然被关在"牛棚"之中，不过，关押生活还是有了点变化——批斗变少了，劳动变多了。

主要的劳动项目是打扫厕所和粉刷墙壁。对于钟世镇来说，参加劳动倒是一件让他感到愉快的事情。从小在家里就经常干农活，在学校农场

1970 年，钟世镇来到了上海第二军医大学，每天主要的劳动项目是打扫厕所和粉刷墙壁。

锻炼的时候也是劳作不断，劳动对于他是一件并不陌生的事情。

只是，作为"阶级敌人"，钟世镇却难以忍受人格上的屈辱。他们要被那些小一辈的革命小将们呼来喝去，时不时地还会遭遇到一通无缘无故的殴打。

而古乐梅，也被调到了上海，虽然可以参加工作，但是不允许外出，而且不准过问包括科研在内的教研室事务。

但是，真挚的感情是无法被困厄所阻挡的。夫妻之间渐渐形成了默契。

古乐梅会时不时地到关押钟世镇的小楼附近转悠，而钟世镇从窗户中看到妻子的身影，就会以帮忙买烟的理由支开看守人员，然后将字条从窗户处扔给妻子。两人就用这样的方式进行着交流。

由于造反派们也查不出钟世镇有更多的问题，所以，钟世镇就被允许回到解剖教研室工作。

他继续在技术组制作标本，把所有的精力都投入进去，为的就是能够尽可能多地弥补失去的时间。

到了 1971 年，巴基斯坦的一个军事医学代表团访华，要来第二军医大学参观。这却让当时的校领导犯了愁，因为学校乱七八糟的，没有什么能够拿得出手的东西让外宾们参观。

这可怎么办？就如同当年被紧急拉入羽毛球队一般，校领导们又想到了在技术组埋头制作标本的钟世镇。于是，钟世镇被紧急布置了任务，要为外国客人的来访，制作一批人体标本以供参观。

钟世镇二话不说，马上投入工作，在其他同事的协助下，运用曾经尝试成功的铸型标本制作法，连夜赶工，制作出了30 多件内脏器官和头部动静脉标本，并且在代表团抵达之前

解剖学家的配角人生

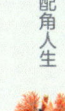

摆放停当。

虽然，这批标本得到了学校领导的称赞，但是当代表团参观的时候，钟世镇却没有被允许在现场，而是被"打发"去劳动了。

究竟什么时候，科研的春天才会到来？科研人员能够被尊重、被重视？

赴武汉 支援当地医训队工作

1971 年，钟世镇又要出发了。这一次，是武汉硚口军工医院要设立医训队，希望第二军医大学能够派教员协助工作。除了五名临床医生外，钟世镇是唯一一名基础学科人员。

1971 年，钟世镇作为第二军医大学基础学科人员，和五名临床医生一起前往武汉硚口军工医院，协助医训队的工作。

硚口区位于武汉三镇汉口的西南段，军工医院规模不大，但是科室、设施都还算齐备。

到了硚口后，钟世镇很快就进入了状态。他的教学方法轻松有趣，又能联系实际，有启发性，颇受学员们的喜爱，获得了不少的好评。

努力总是会有回报的。

有一天，硚口军工医院教导员周海清找到钟世镇，提出要让他担任教学组组长，负责全面的教学工作。钟世镇听了很惊讶，表明自己是一个有历史问题的

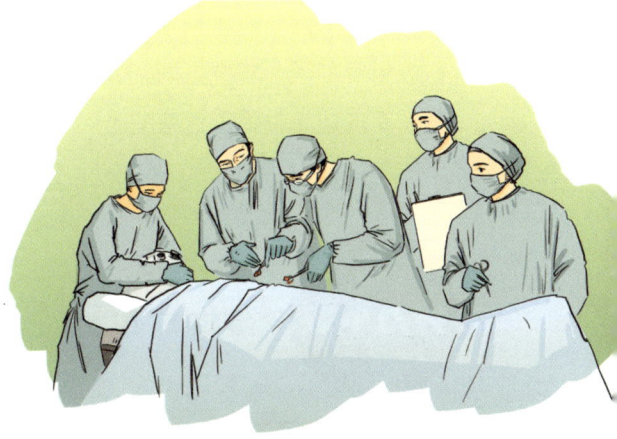

人。但是周海清却对此不以为然，说他已经看过相关的档案，觉得钟世镇的历史问题，其实并不是什么问题。

对于周海清的信任，久久压抑的钟世镇分外感动，能够在那样的环境中，得到他人的尊重，重拾尊严，这是多么珍贵啊。

信任和尊重，激发起钟世镇无比的工作热情。在那段时间里，他日夜工作，一刻都不敢停歇，总觉得还有许多的工作要积极完成。在完成课堂基础教学后，钟世镇又带着教学组分赴各地基层，参与学员的实习指导和考核。

在这过程中，他再次体验到了基层医疗水平

钟世镇在硚口军工医院得到了教导员周海清的信任，担任了教学组组长。在完成课堂基础教学后，钟世镇又带着教学组分赴各地基层，参与学员的实习指导和考核。

解剖学家的配角人生

的低下。基层医院许多的医务人员并没有在正规的医学院校中学习过，既缺乏理论知识，更缺乏实际操作技能。

但是，正是这种观察，给了钟世镇新的启发，如何让解剖学与临床应用相结合？以往，解剖学的任务是让医学院学生们懂得人体的结构，但是，人体解剖学更应该应用于临床实践。正是这一启发，让钟世镇在若干年后，坚决地选择了"临床外科应用解剖学"研究方向，并且最终因为在这一领域的杰出贡献，而当选为中国工程院院士。

努力争取　落脚广州

1973 年冬天，钟世镇结束砀口的教学任务后，返回了上海。他仍然被安排在了技术组制作标本，仿佛一切都没有改变过。

但是，钟世镇不会放弃自己心中的理想。总结自己过去的经历和思考，他依然觉得，人体解剖学的发展并没有走入死胡同，铸型标本的制作，解剖与临床实践的结合，都是未来的突破口。

他首先重启铸型标本的制作。此前，虽然使用赛璐珞材料取得了成功，但是他们也发现，赛璐珞这种材料容易破碎，稍有不慎，标本就会被破坏，造成极大的浪费。于是，钟世镇就需要去寻找一种可以在韧性、支撑力和透明度方面都更加合适的高分子材料，取代赛璐珞作为填充剂。

于是，他和一直支持他的刘正津利用休息日，穿梭于上海

的大街小巷，去拜访每一个化工企业，寻求专业人员的帮助。

　　整个1974年，他们都是在一次次的试验中度过的，失败了就重来。许许多多的化工厂科技人员都给予了他们很大的帮助。渐渐地，他们初步筛选出了苯乙烯、过氯乙烯、环氧树脂和混合树脂等填充剂，并且掌握了丙酮、丁酮、环己酮、三氯甲烷、四氯乙烷、乙酸乙酯等溶剂的性能。

　　可是，正当新的填充物逐渐有眉目的时候，学校却接到了调令，要调防到重庆，一切又要暂停了。

　　再次回到了重庆的第七军医大学，可是钟世镇和古乐梅都已经厌倦了这种来回折腾的日子，他们希望能够有个地方，接收他们，并且能够让他们安心地开展工作。

　　于是，在商量之下，他们决定尝试一下，申请调到刚从长沙搬到广州的第一军医大学去工作。

1973年冬天，钟世镇返回了上海。此后，他和一直支持他的刘正津利用休息日，穿梭于上海的大街小巷，去拜访每一个化工企业，寻求专业人员的帮助，为的是找到一种更合适的高分子材料，取代赛璐珞作为铸型标本的填充剂。

041

解剖学家的配角人生

毕竟，广东是他们的家乡。

能够最终成行，都得感谢妻子。古乐梅深知，丈夫头上顶着历史反革命和现行反革命的枷锁，并不方便去申请调动。所以，从递交申请报告，到赴广州争取第一军医大学接收，都是由她一手包办。

幸运的是，第一军医大学当时的训练部部长季化曾经是他们的学生，也了解钟世镇的问题。所以，当古乐梅找到季化，并提出想调到第一军医大学时，马上得到了季化的支持，且季化立即向校领导报告了此事。

古乐梅还没有离开广州，就收到了好消息。季化正式通知她，学校已经同意调她和钟世镇来广州工作。

钟世镇和古乐梅都不敢相信，调动的事情居然能够这么顺利。而第七军医大学的领导考虑之后也批准了调动。

就这样，在 1977 年 5 月 17 日，钟世镇和妻子，离开了重庆。

回到广州后，一切仿佛都开始走上正轨。

依旧在解剖教研室工作，但是钟世镇却在这里得到了一直以来梦寐以求、相对宽松的工作环境。不会再有人来过问他的"历史问题"和犯过什么样的"错误"。

虽然由于第一军医大学刚刚从长沙搬迁到广州，环境和条件都不怎么样，但是对于钟世镇来说，这些哪里算得上是困难。

他暗下决心，要在这里建立中国的人体标本陈列馆，实现超越格兰特人体标本制作技术的目标。

像之前在上海那样，他又到处拜访化工厂，只是没有了刘正津的陪伴。不过，现在有技术组的王兴海和李忠华等几个年轻人，他们吃苦耐劳且毫无怨言，成了他的学生，也成了他的好帮手。

从化学填充剂，到打磨设备、有机玻璃加工工具等，从零开始，一点点筹备，钟世镇和他的学生们在成功的道路上奔驰着，辛苦且振奋。

第一批 铸型标本制作成功

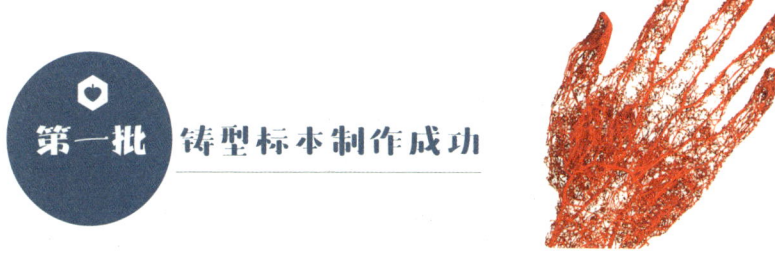

手动脉铸型标本

钟世镇期盼的春天来了。

1978 年 3 月 18 日至 31 日，全国科学大会在北京召开。

刚刚恢复中央政治局常委身份，并担任中共中央副主席、中央军委副主席、国务院副总理的中国改革开放总设计师邓小平，在大会上讲的第一个问题，就是"对科学技术是生产力的认识问题"，并且明确提出要"大力发挥科学技术工作者和教育工作者的革命积极性"。

中国科学院院长郭沫若在大会上做了《科学的春天》的讲话。

"我们民族历史上最灿烂的科学的春天到来了。"郭沫若的这句话，说出了多少像钟世镇这样的科研工作者的期盼。

心中有期盼，工作起来就更加有劲头。

在铸型标本制作上，钟世镇取得了很大的进展。在 1978 年的夏天，第一批标本制作出来。所有的人都被眼前的这些科学艺术品所震惊，其中包括第一军医大学的校长赵云宏。

从那时起，赵云宏开始格外关注钟世镇。他已经意识到，

解剖学家的配角人生

1978 年，钟世镇在中国解剖学会学术会议上宣读了自己的论文，并展示了自己制作的"心冠状动脉铸型标本"。

能够做出如此精美绝伦人体标本的钟世镇，一定不是一般的人才。

1978 年，钟世镇带着自己的论文《颅内外动脉吻合有关血管的解剖学研究》，参加在广西桂林召开的中国解剖学会学术会议。要知道，这可是解剖学会停止各种学术活动 12 年后第一次举行会议，其意义显然非常重要。

除了在会议上宣读了自己的论文，钟世镇还向整个解剖学界展示了自己制作的"心冠状动脉铸型标本"。这两项成果，在会议上得到了中国解剖学会理事长、著名人类学家吴汝康的赞许。尤其是当他展示出亲手制作的两件铸型标本的时候，同行们都愣住了，他们没有想到，居然有人能够制作出色彩如此鲜艳、立体感极强的人体标本来。

能够获得好评，对钟世镇来说是一种巨大的鼓舞和鞭策，同时，在与国内同行的交流中，他也收获了信心。

从此，钟世镇开始在学术的海洋中乘风破浪，砥砺前行。

开启领导模式 担任教研室主任

1979 年，第一军医大学从广州石牌村搬迁到东北郊的麒麟岗新校区。解剖学教研室的工作条件焕然一新，还专门配置了一间设施完备、容量阔绰的存尸库。条件的改善，无疑让钟世镇更加振奋，工作热情愈加高涨。

而此时已经年过半百的钟世镇，也被任命为解剖学教研室主任。钟世镇何曾想到，他居然有一天会成为一名"官"。对他来说，能够有宽松的环境开展科研工作已经是相当不容易的事情了。

1979 年，此时已经年过半百的钟世镇，被任命为解剖学教研室主任。

不过，他也知道，担任了主任，自己身上的责任也就更大。他也曾经向主管领导汇报过，希望只安排自己担任教研室的副职。

最终，在妻子的鼓励下，钟世镇在忐忑中接受了任命。并且在这一年，在他已经 54 岁的这一年，被晋升为副教授，获得高级职称。

在教研室主任的岗位上，钟世镇也充分体现出他所具有的领导能力。虽然，也有些人对由他

解剖学家的配角人生

来担任主任并不服气，但是钟世镇始终能够以开阔的胸襟尊重每一个人。在学科建设或者重大决策上，他能够主动地征询多方的意见。渐渐地，同事们都开始尊重这位品格高尚、学术端正，又真诚坦荡待人的主任。

在科研的征途上，钟世镇并不仅仅满足于依靠铸型技术制作人体标本，更希望能够建立起一座世界级水平的人体标本陈列馆。

于是，在他的感召下，教研室的几位年轻人王兴海、李忠华、洪辉文、陈孟富等，加入了项目。

在钟世镇的感召下，教研室的几位年轻人王兴海、李忠华、洪辉文、陈孟富等，加入了项目。

这些年轻人其实跟着钟世镇学习已经有一段时间，掌握了铸型人体标本的制作技术，只要大家一起努力，建立一座独一无二的铸型人体标本陈列馆，并非空谈，是大有希望的。

于是，王兴海和李忠华被指定为技术组组长和副组长，不仅负责近千件人体标本的制作，而且要使用多种先进的技术方法系统地展示人体各个器官。

钟世镇深知，虽然自己制作出铸型人体标本，但是从全国范围来说，人体标本的制作工艺还是停留在手工剥制的阶段，依然相当落后，用途也只是为了反映人体内部结构，更别提与临床挂钩了。

开拓临床 应用解剖学

当这些年轻人如火如荼地忙碌起来时，钟世镇则开始将自己的精力投入到另一个计划之中，那就是他一直想努力实现的目标——将解剖学与临床应用有机结合。他知道，王兴海等年轻人已经有足够的能力承担人体标本制作的工作，自己只需要负责统筹协调，因此就有足够的精力去开拓新的领域。他的想法是，把解剖学纯形态学描述与临床实用结合起来，为临床疾病诊断和手术方案设计提供人体结构的依据。同时，也可以通过临床实践，在创新外科手术方式（以下简称术式）时，提出人

当这些年轻人如火如荼地忙碌起来时，钟世镇则开始将自己的精力投入到另一个计划之中，那就是他一直想努力实现的目标——将解剖学与临床应用有机结合。

解剖学家的配角人生

体结构研究需要解决的新问题，推动解剖学研究的新发展。

但是，临床应用解剖学却遭遇了非议。很多人认为，将两者结合，解剖学也只能沦为临床外科学的配角，并不能成为一门自成体系的学科。而且，肉眼解剖学本身已经过时，被现代化的仪器设备取代，所以没有结合的必要。

但是，断肢移植、尿道重建……一个又一个运用解剖学知识成功完成的临床案例，证明了钟世镇选择的道路是正确的。

在总结经验和案例的基础上，钟世镇开始着力进行临床应用解剖学的理论建设，并就此撰写了一批相关的学术论文，在各种全国性的学术会议上发表。

从此，临床应用解剖学被学术界所关注并接受。

钟世镇在一篇理论文章中总结：临床医学拥有广阔的天地，应用解剖学在这个天地里应当大显身手。过去由于受到的关注不够，投入的力量不多，不少与形态学关系十分密切的领域，迄今尚未出现研究高潮。例如脊柱应用解剖学领域宽广，其中有些课题影响巨大，像颈椎病、腰腿痛、截瘫等常见多发病，有大量研究工作急需开展，希望有更多形态学学者参加。与脊柱科研情况相类似的，已经向专科化发展的手外科、骨与关节的损伤修复和小儿麻痹后遗症康复等，也相应地对应用解剖学基础研究提出新的、有针对性的、更精确细致的要求。

凡是功能意义十分重要、结构毗邻十分复杂、诊断治疗技术要求十分精确的专科，都伴随学科的发展，对应用解剖学提出新的要求；耳鼻喉科、脑外科、颌面外科、整形外科，大量新的课题等待解决；而在法医学范围内，涉及各种人体结构的年龄、性别、职业等法律鉴定，也有应用解剖学值得开发的领域。许多新的学科和边缘学科不断涌现，在这些学科中间，均孕育着不少应用解剖学的研究课题。

与此同时，钟世镇还有另外一个想法，那就是创办一份学术期刊，建立起自己的学术园地。拥有了一份学术刊物，就能够更好地带出学术队伍，形成自己的读者群，传播自己的学术主张。此时，钟世镇已经是广东省解剖学分会的副理事长。

他向学校提交创办学术刊物的报告后，得到了有关领导的支持。经过努力筹备，又是从零开始，1979 年 7 月，《广东解剖学通报》创刊了。

这份刊物在随后的日子中不断发展，一开始只是内部发行的刊物，之后从一年一期逐渐发展成为固定季刊。到 1983 年，刊物获得了全国公开发行的刊号。

但是钟世镇仍未停下脚步，又开始另起炉灶，创办了《临床应用解剖学杂志》。到 1985 年，这本杂志成为由中国解剖学会主办、第一军医大学承办、全国一级学会出版的学术期刊，钟世镇则担任主编，并改名为《中国临床解剖学》。

至此，临床解剖学不仅是钟世镇自己的想法，而且已成为一门具有系统理论和学术影响力的学科。

1989 年，钟世镇代表《中国临床解剖学》杂志与西欧"SRA"期刊主编 Chevrel 教授在广州签订双边协议书。中间为主持仪式的何光篪教授。

解剖学家的配角人生

人体标本 陈列馆赢得国际好评

而王兴海那些年轻人，也没有辜负钟世镇对他们的信任，一座世界一流的人体标本陈列馆在他们的努力下诞生了。1988 年 12 月 7 日至 9 日，有着近千件人体标本的陈列馆迎来了第一批外国客人。

原来，第一届中国国际解剖学学术交流会在广州召开。235 位国内外知名解剖学专家汇聚一堂。而第一军医大学人体标本陈列馆则被主办单位安排为参观现场。

1988 年 12 月 7 日至 9 日，有着近千件人体标本的陈列馆迎来了第一批外国客人。

当这些专家们来到陈列馆时，首先迎接他们的是门口那具壮年男性整体骨架，而当他们进入陈列室后，千姿百态、色彩斑斓，如同水中珊瑚、林中老树、山野蘑菇一般的各种人体标本，让他们啧啧惊叹。

这次参观显然极为成功，钟世镇和他的学生们多年来的心血，让全世界的专家们都倍感震撼。其中包括格兰特教授的继任者、原多伦多大学医学院解剖学教研室主任摩尔教授。摩尔教授向钟世镇竖起了大拇指，称他所看到的一切都证明，这个陈列馆的水准已经超过了格兰特人体标本博物馆。

名声日隆，许许多多的人都慕名而来，参观者无不发出惊叹和赞美之声。

世界，承认了钟世镇的坚持和努力。

1981年，钟世镇也迎来了政治生命上的"春天"，入党申请终于被批准，从此他成为一名共产党员。为了这一刻，钟世镇可等待了30年之久。1950年，当他还在中山大学医学院学习的时候，就递交了入党申请书，其后的岁月中，他又多次提交申请书，但是都没有得到组织的批准。

1981年，钟世镇也迎来了政治生命上的"春天"，入党申请终于被批准，从此他成为一名共产党员。

将显微外科与解剖学相结合

　　而与此同时，钟世镇还在显微外科解剖学领域取得了成功。

　　显微外科并不是一个新的领域。在对越自卫反击战期间，钟世镇为伤员们进行治疗的时候，产生了将显微外科与解剖学相结合的想法，用于解决神经断面、微血管等细小组织缝合的高难度手术效果不佳的难题。

在对越自卫反击战期间，钟世镇为伤员们进行治疗的时候，产生了将显微外科与解剖学相结合的想法。

　　想到就要做到，这是钟世镇的性格。

　　经过紧张的工作和努力的付出，显微外科解剖学的研究取得了一系列突破性的成果。钟世镇陆续攻克了皮瓣显微外科解剖学、骨瓣和骨膜显微外科解剖学、肌瓣和肌皮瓣显微外科解剖学、手功能重建显微外科解剖学、颅脑显微外科解剖学、周围神经显微外科解剖、小器官移植显微外科解剖学、肠管有关显微外科解剖学等领域的各种难题。

1984 年，《显微外科解剖学》由人民卫生出版社出版。这本书，凝聚着钟世镇多年来在显微外科解剖学领域的思考和实践，标志着显微外科解剖学这一新兴分支学科的诞生，推动了中国人体解剖学向前发展。

一时之间，整个学界都沸腾了。大批创新性的临床外科新术式应运而生。不久，钟世镇又出版了《显微外科解剖学基础》，进一步普及了显微外科解剖学技术。也因此，在第一军医大学首次重奖有突出贡献科技人员的大会上，包括钟世镇在内的全校 8 个科研组共 30 余名科技人员，

20 世纪 80 年代，第一军医大学首次重奖有突出贡献的科技人员，包括钟世镇在内的全校 8 个科研组共 30 余名科技人员，获得了近 80 万元的巨额奖金，而显微外科解剖学位列第一名。

解剖学家的配角人生

获得了近80万元的巨额奖金，而显微外科解剖学位列第一名。

1985年，《显微外科解剖学研究》获得国家科技进步二等奖。

1987年之后，钟世镇几乎每年都要主编出版一本专著。1987年的《腹部血管解剖学》，1988年的《临床解剖学丛书头颈分册》，1989年的《临床解剖学丛书胸部和脊柱分册》，1991年的《临床解剖学丛书四肢分册》……

而他参与编写的专著更是不计其数。此外，他还担任了各种学术性职务近20个：中国解剖学会副理事长，中国解剖学会学术委员会副主任委员，中国神经伤残康复研究会副理事长，中华显微外科学会常务理事，全军医学科学技术委员会副主任委员，*Surgical and Radiologic Anatomy* 助理主编，*Clinical Anatomy* 国际编委等。

不仅如此，钟世镇还极其重视对实验技术人员的培养。王兴海、李忠华等人，都是由他手把手教导出来的杰出的解剖学专家。

继续探索 临床解剖生物力学模式

虽然已经取得了巨大的成功，但是对于钟世镇来说，又怎么会因此停留在功劳簿上，止步不前呢？

他又有了新的目标和前进方向。20世纪80年代中期，国内的医学研究领域都在向微观领域发展，其中最为前沿的领域

20 世纪 80 年代中期，国内的医学研究最为前沿的领域是生物化学，但钟世镇选择了更适合解剖学的生物力学作为发展方向。

是生物化学。这同样是一门跨学科的专业，是指用化学方法和理论来研究生命的化学分支学科。

　　但是在这股热潮之中，钟世镇却认为，生物化学固然是医学发展的方向，但是解剖学专业却不应该随波逐流，而是应该结合自己的专业特点和优势，因此选择相比之下更加适合解剖学的生物力学作为发展方向。生物力学是生物学与物理学相结合的跨学科专业，它应用了物理学中的力学原理和方法对生物体中的力学问题进行定量研究。

　　于是，从 20 世纪 80 年代开始，钟世镇开始了对临床解剖生物力学模式的探索。他的想法是，引进生物力学的理论和方法，结合人体解剖的优势，同时加强临床应用的针对性，从而开辟出一条道路来。

　　钟世镇找来了著名固体生物力学专家、上海

解剖学家的配角人生

钟世镇将自己的几个学生都送出去，接受"理论力学"和"材料力学"方面的课程学习。

科技大学生物力学实验室教授王以进，聘请他为客座教授，还将自己的几个学生都送出去接受"理论力学"和"材料力学"方面的课程学习。

此外，他还积极引进人才加入到团队中。于是，湖南长沙国防科技大学工科硕士朱青安被安排到了解剖学教研室工作。这位之前从未接触过医学的年轻人，在钟世镇的引导下，开始系统地学习人体解剖学的相关课程。

人才团队逐渐形成，钟世镇又开始忙着准备各种实验设备，由于当时并没有现成的设备可以购置，所以只能自己动手设计和加工制作。

人才、设备都初步齐备，钟世镇就带领着团队在这一未知的领域里摸索着前行。一开始，他们从"颅骨撞击伤生物力学""锁骨切除的力学测试和分析""骨折弹性固定的生物力学研究"这些零散的课题入手，积累研究经验，总结研究方法。

慢慢地，道路越来越光明。他们已经可以从事"脊柱稳定性生物力学""交通撞击伤研究"的系统性课题研究。

1986年，"第一军医大学临床解剖生物力学实验室"正式成立，并且还获得了上级的经费资助。当时世界上最先进的生物力学设备"MTS型实验机"也被安装在了学校的实验室中供他们使用。有了这台设备，钟世镇的研究团队就可以将研究扩大到更多的领域中去。

随着研究的深入，更多的研究设备相继研制成功，同时也购置了一批研究装置。经过10多年的建设，实验室已经成为能够为军队内外临床基础研究服务的"开放型"医学生物力学重点实验室。

在钟世镇的带动下，许多国内院校的解剖学教研室，都陆续建立了生物力学实验室或研究组，并且将其与临床应用相结合。

1993年，"临床解剖生物力学实验室"被批准为全军重点实验室；1996年，被广东省批准为"科技兴医五个一工程"重点实验室；2000年6月，被批准为"广东省创伤救治科研中心"。

将解剖学 **人才培养与外科学相结合**

1997年，钟世镇主动从教研室主任的位置上退下来。他知道，只有长江后浪推前浪，才能使解剖学事业不断地向前推进。为此，他甘愿让贤，给后继的年轻人更多的机会。

此时的他，已经是一位 72 岁的老人了。

脱离行政领导岗位后，钟世镇依然忙碌于各种学术活动，继续为解剖学事业奋斗着。但是他却发现，解剖学此时开始面临着人才匮乏的局面，几乎没有人愿意报考人体解剖学的研究生。

既然临床应用解剖学已经创立了，那么为什么不能更进一步，在人才的培养上，也将解剖学和外科学相结合来培养研究生呢？将解剖学人才的培养与临床外科学相结合，那么两者的优势就

20 世纪 90 年代，钟世镇发现，解剖学此时开始面临着人才匮乏的局面，几乎没有人愿意报考人体解剖学的研究生。

可以互补，学科作用也将大大增强。

大胆设想，细心做事。

在具体实施过程中，钟世镇在指导外科研究生的时候，主动征询研究生送选单位的意见，按照学科建设和学术发展的需要，选择学位论文研究课题。同时，也注重理论知识和实际操作技能的结合。他不仅为研究生安排了基础研究内容，也安排了临床实践操作的内容。

钟世镇的这种做法也取得了成功。"人体解剖学跨学科培养外科学博士新模式"在许多高等医学院校得到了推广，还获得了"军队院校军队级教学成果二等奖"。在这一新型模式下，一批高层次外科人才被培养出来，如今均已成为国内许多知名医学院的学科带头人。

钟世镇提出的"人体解剖学跨学科培养外科学博士新模式"，在许多高等医学院校得到了推广，1997年还获得了"军队院校军队级教学成果二等奖"。

当选工程院院士 踏上人生巅峰

解剖学家的配角人生

人生总会有坎坷和起伏，但是也终将会给那些持有坚定信念、执着精神和创新思维的人以公平的回报。

1997 年 12 月，一个好消息在第一军医大学的校园中传开了——钟世镇当选为中国工程院院士。能够获得中国科学界这一至高的荣誉，是对钟世镇在科研领域取得的一系列成就的最好肯定。

12 月 26 日，隆重的庆祝大会在第一军医大学举行。

钟世镇在发言中回顾了自己几十年来走过的道路，"我感到，我是非常幸运的，我有良好的机遇，也抓住了有利的机遇"。

他将自己的成功归结为"幸运"，钟世镇是如此的谦虚。可是，他真的幸运么？10 年的助教，17 年的讲师，在大学毕业 27 年后才成为副教授，60 岁成为教授。这样的人生路，怎么可能称得上是"幸运"的。

回顾自己走过的人生路时，钟世镇常常会用

1997 年 12 月，一个好消息在第一军医大学的校园中传开了——钟世镇当选为中国工程院院士。

到"配角"这个词。他认为，自己的天赋并不高，只是能够"勤能补拙"而已，而且自己获得的成绩和荣誉，大多都是借助良师益友们的帮助取得的，只有"显微外科解剖学研究"这一项目，他是第一作者。所以，他说，在六分之五的场合中，自己只是一个配角。

回顾自己走过的人生路时，钟世镇常常会用到"配角"这个词。

新征程：永不停歇的科学老人

钟世镇是一位永远不会停止前进脚步的科学老人。

迈入新世纪，虽然年事渐高，但是他的身影却依然活跃在各个相关领域中。

"准备走坎坷不平的道路，能够融入群体，锻炼能力，立志在岗位上成才，成为对社会发展有贡献的优秀人才。"他，来到中学，用自己的人生经历，激励祖国的未来。

解剖学家的配角人生

髋臼双柱翼型钢板
　　髋臼骨折属于关节内骨折，治疗目的是要精确恢复髋臼关节面的解剖对位，最大限度地保存髋关节的功能。
　　通过数字化三维重建技术，可以精确地得到骨盆模型，并模拟骨折手术复位固定过程，将拉力螺钉置入重建的髋臼三维模型，利用专业软件测量可获得拉力螺钉的进针点及最佳进针方向，从而达到精准治疗。（南方医科大学黄文华提供）

　　迈入 21 世纪，虽然年事渐高，但是钟世镇的身影却依然活跃在各个相关领域中。他还走进中小学校园，给学生讲解人体解剖科普知识。

　　"学会适应环境，能正确地认识自己，恰当地给自己定位，找到合适的位置，掌握好人生之旅的起跑点。" 85 岁的他，谆谆教诲新生代的研究生们。

　　与时俱进的他，仍然不遗余力，成为中国数字化医疗的倡导者。2003 年，他担任了中国数字人研究联络组组长、中国数字医学研究联络组组长，为中国数字化虚拟人体研究的发展和应用继续发挥着自己的作用。

　　这位老人又在大力提倡转化医学的理念，通过自己在科研领域取得的经验，他认为，要重视转化医学理念，要兼顾基础研究和临床研究，因为临床实践中发现的问题，要通过基础研究去提高，基础研究如果落后，盲目转化到临床中就会带来巨大的风险。

2009 年，钟世镇被授予"广东省科学技术突出贡献奖"。

膝关节多结构重建
应用虚拟仿真技术三维重建显示膝关节的结构，依次显示胫骨、半月板、交叉韧带、股骨、腓骨、髌骨。（南方医科大学李鉴轶提供）

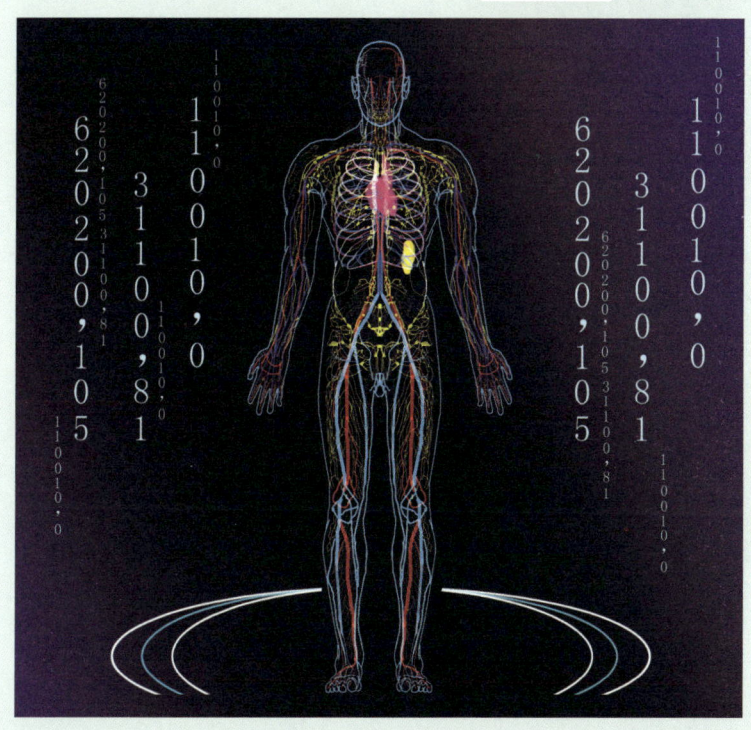

2003 年，钟世镇担任了中国数字人研究联络组组长、中国数字医学研究联络组组长，为中国数字化虚拟人体研究的发展和应用继续发挥着自己的作用。

解剖学家的配角人生

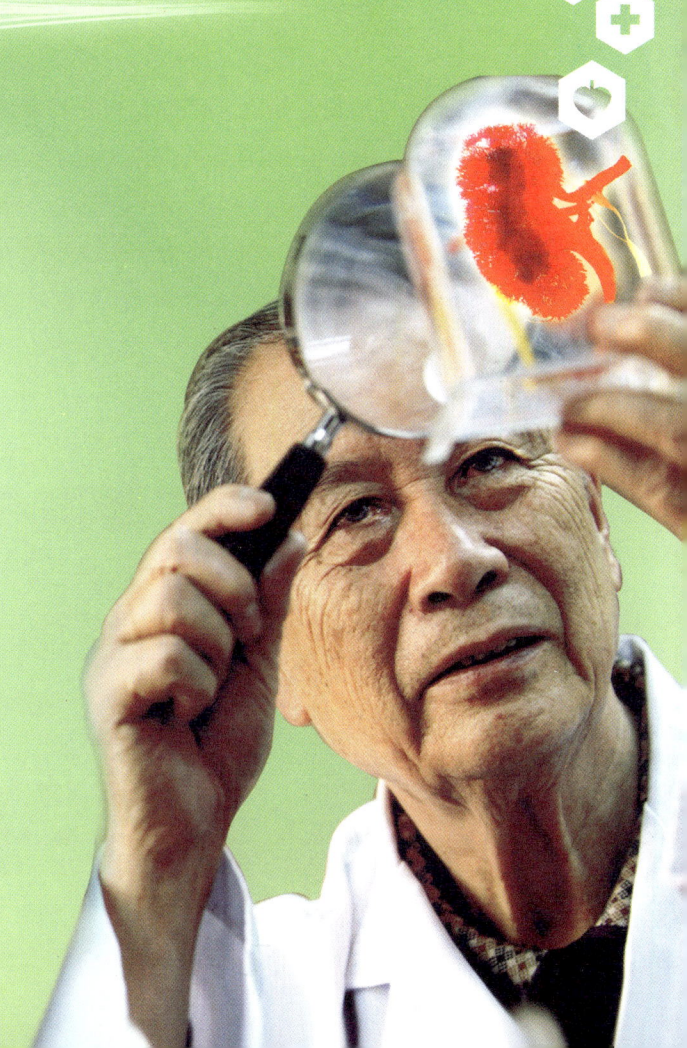

化腐朽为神奇
硕果累累

管道铸型 技术

人体就好像一部神秘而精美的机器。对于人体的研究，有着漫长的历史。

在西方，最早的记载是从古希腊医生希波克拉底开始的，这位大夫在其著作中对人体的头骨做了正确的描述，也提出了心脏有两个心室和两个心房。

另一位古希腊医学家赫罗菲拉斯，则发现小肠的起始段大约有 12 个指头并列长度，并为之命名"十二指肠"，他还命名了"前列腺""睫状体""视网膜"等。

"医学之父"希波克拉底

希波克拉底（前460—前370），被西方尊为"医学之父"，西方医学奠基人。《希波克拉底誓言》是希波克拉底警诫人类的古希腊职业道德的圣典，是他向医学界发出的行业道德倡议书，是从医人员入学第一课要学的重要内容。

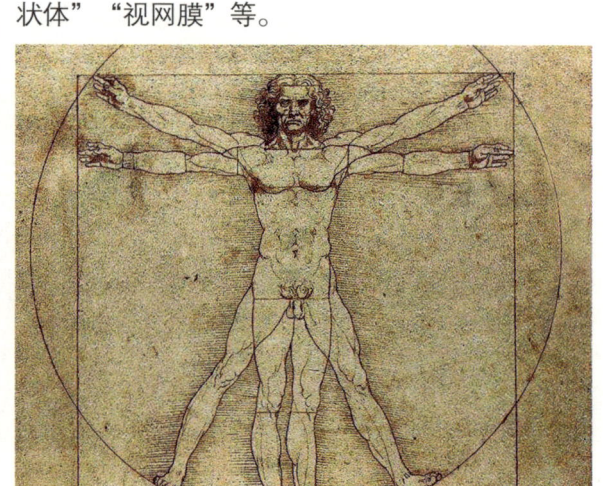

达·芬奇解剖学手稿之一

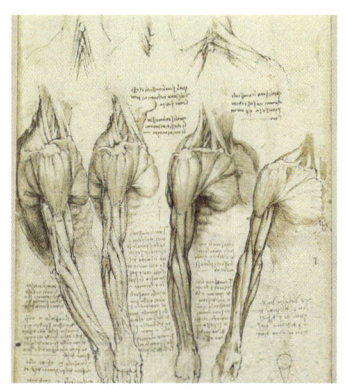
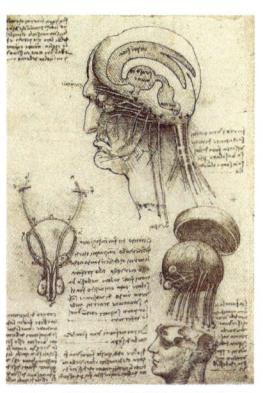

达·芬奇解剖学手稿之二　　　达·芬奇解剖学手稿之三

达·芬奇解剖学手稿

达·芬奇是意大利14—16世纪"文艺复兴三杰"之一，也是整个欧洲文艺复兴时期最完美的代表。

达·芬奇在世时曾热衷于解剖学，并亲自描绘了多达60余张的人体生理结构图。这些图画描述的人体部位包括了骨骼、肌肉、神经和肌腱等，并且在图画的周围还有超过13 000个单词的详细标注。其解剖图的精准程度堪比现代三维成像，肩部肌肉群的描绘非常逼真。

达·芬奇之所以如此细致入微地进行人体解剖并逐一描绘成图，是为了更好地了解人体每一块肌肉和骨骼的运动原理，从而让自己的作品能够更为逼真地展现人物的言行举止，这也是现代艺术家多少都会涉及一些解剖学课程的原因。

尽管达·芬奇绘制这些人体解剖图并不是出于医学研究目的，但是其中很多作品却极具医学价值，为医学的发展提供了宝贵的参考资料。

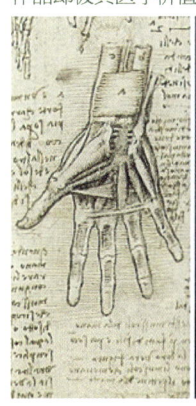
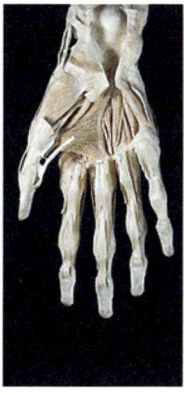
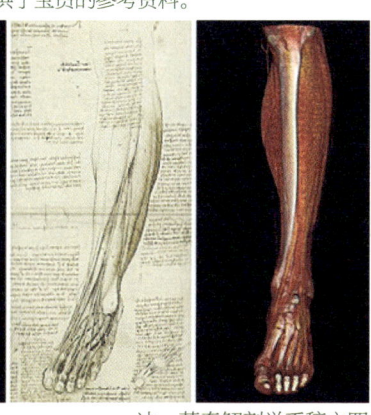

达·芬奇解剖学手稿之四

化腐朽为神奇硕果累累

米开朗基罗的雕塑和绘画

米开朗基罗（1475—1564），意大利文艺复兴时期伟大的绘画家、雕塑家、建筑师和诗人，文艺复兴时期雕塑艺术最高峰的代表，与拉斐尔和达·芬奇并称为"文艺复兴三杰"。

他曾为了了解人的结构而解剖尸体，尽管当时的法律禁止这样做。他的解剖学知识在他的雕塑和绘画中体现得淋漓尽致。

米开朗基罗的大卫头像

米开朗基罗的大卫雕塑

米开朗基罗的
解剖学手稿

化腐朽为神奇画里素素

《杜普教授的解剖课》

荷兰著名画家伦勃朗1632年创作的《杜普教授的解剖课》，也许可以改变你对解剖室的种种神秘想象。

画面中一共有8个人，最右边的就是医学博士杜普教授，他正在聚精会神地解剖着手术台上的尸体，尸体臂部的肌肉清晰逼真。左边的7个人都在仔细看着教授的动作，聆听教授的讲述。这种情节性的肖像画展示出那个时代的科学探求精神。

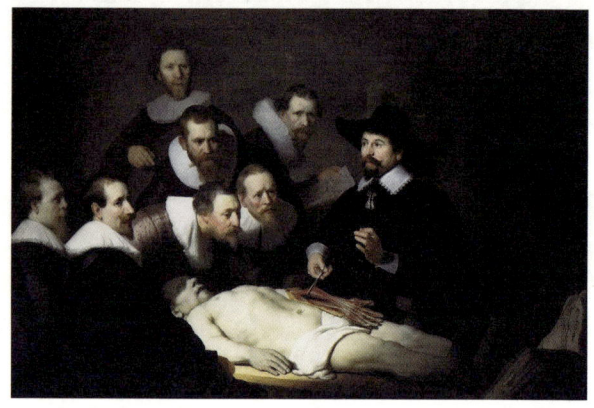

而在中国，解剖学的历史同样悠久。在《黄帝内经》中就有"若夫八尺之士，皮肉在此，外可度量切循而得之，其尸可解剖而视之……"的记载。

中国历史上第一次基于医学的活体解剖则是由现代被戏称为"穿越者"的王莽下令举行的。新莽天凤三年（公元16年），王莽令太医尚方与巧屠一起解剖被处死刑者公孙庆的尸体，不仅度量其五脏，而且"以竹筵导其脉，知其始终……"这是我国古代对人体解剖较详细的描述。

随着显微镜、电子显微镜等先进技术和装备的出现，主要依靠肉眼观察的人体解剖已经显得古老而落后，甚至被认为已经走到了发展的尽头，许多国外的科学家们都认为人体解剖领域已经没有继续研究的价值。

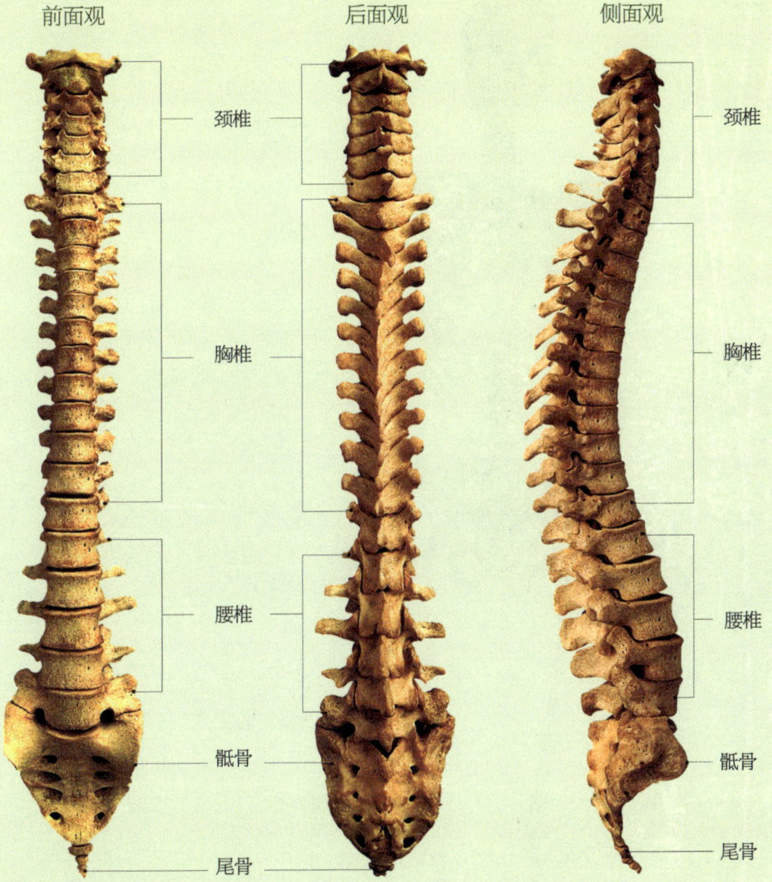

前面观　　　　　　　后面观　　　　　　　侧面观

颈椎 ——　　　　　　—— 颈椎　　　　　　—— 颈椎

胸椎 ——　　　　　　—— 胸椎　　　　　　—— 胸椎

腰椎 ——　　　　　　—— 腰椎　　　　　　—— 腰椎

骶骨 ——　　　　　　—— 骶骨　　　　　　—— 骶骨

尾骨 ——　　　　　　—— 尾骨　　　　　　—— 尾骨

认识我们的身体——脊柱

　　脊柱是身体的支柱，富有柔韧性，能使我们的身体保持直立，并且灵活地运动。

　　脊柱其实是由多块形状独特的椎骨，像链条一样连接而成。每一小块椎骨灵活性很小，但许多块椎骨组合在一起后，整体上就变得灵活许多，所以我们才可以弯腰或扭动身体。

　　两块椎骨之间是椎间盘，由柔韧的软骨组成，富有弹性。当我们奔跑、跳跃时，椎间盘像垫子一样轻轻地挤压，缓冲来自身体的剧烈震动。

化腐朽为神奇颜事表象

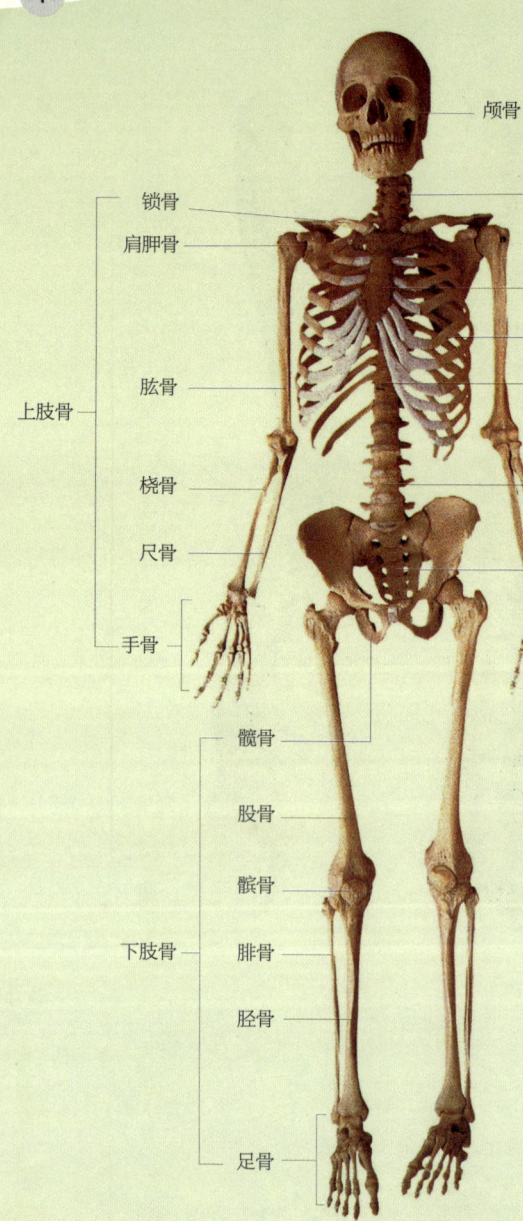

颅骨

锁骨
肩胛骨

颈椎

胸骨
肋
胸椎

躯干骨

上肢骨

肱骨

桡骨

腰椎

尺骨

骶骨

手骨

髋骨

股骨

髌骨

下肢骨

腓骨

胫骨

足骨

前面观

认识我们的身体——全身骨骼

人体如果没有骨骼，就会瘫成一团。骨骼支撑着我们的身体，并通过关节连接使人体能够自由活动，骨骼也保护身体器官免遭伤害。

假如骨骼是实心的，人体就会重得无法活动。骨骼中既有实心的部分，又有很多空隙。人体所有的骨骼都有着相同的特点——足够轻而不至于压垮身体，同时又足够硬以支撑起身体。

当钟世镇在 20 世纪 50 年代开始涉猎解剖学的时候，他就在思考，人体如此美妙，如何在制作人体标本时，既保证教学方面的应用功能，又充分展现视觉方面的美学元素，达到"科学与艺术"的完美平衡？

在摸索中，钟世镇和他志同道合的伙伴刘正津想到，人体的器官中布满各种血管和其他功能性的管道，那么能否想出办法，在保留这些管道的同时，将其他的组织清除干净。如果可以做到，就能够将器官的内部结构清晰地展现出来，同时又不改变器官的形状。

善于触类旁通的钟世镇，想到了工业生产中的浇铸造型法。而在多年的摸索和尝试中，钟世镇和他的伙伴们，陆续攻克了化学填充剂、灌注方法的操作改进和造型设计的艺术加工等一系列课题，终于完美地实现了人体标本"科学与艺术"的结合。这就是如今已成为解剖学标本制作专门技术的管道铸型技术。

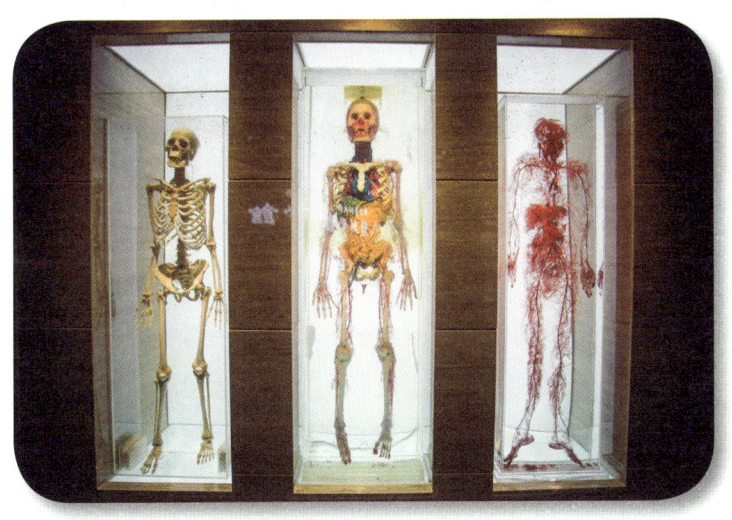

南方医科大学的人体标本陈列馆标本之一

化腐朽为神奇硕果累累

如果你有机会走进南方医科大学（原第一军医大学）的人体标本陈列馆，就能亲身体验到一个奇妙的人体世界。在这里，你可以看到大量使用管道铸型技术制作的人体标本，品味科学与艺术撞击迸发的魅力。

在这里，人体的脏器、四肢，就如同美丽绚烂的珊瑚一般呈现在眼前，内部的管道就如同珊瑚的枝株一般清晰可见。

肝脏管道铸型
（前面观）

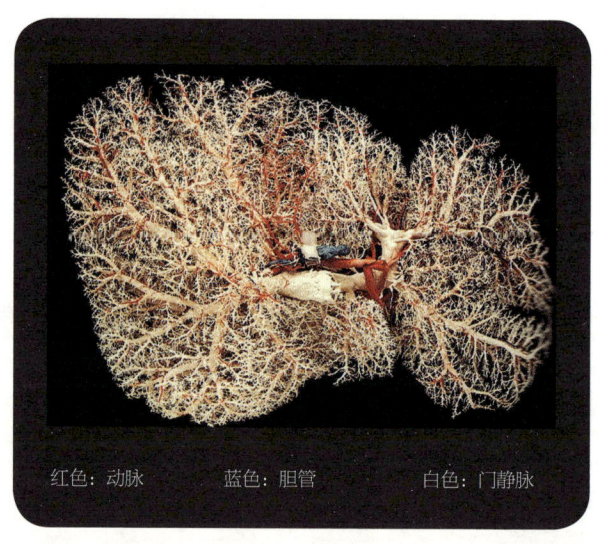

红色：动脉　　　蓝色：胆管　　　白色：门静脉

看看这个肝脏的标本，每一道血管都清晰呈现在你的眼前。红色的血管代表动脉，蓝色的代表胆管，白色的代表门静脉。不同类型的血管用不同的颜色来表示，让人一目了然。

陈列馆中供人参观的塑料铸型，其材料已经

不是人体原来的物质，但制作时必须使用真人实体作为铸型的模子。因为个体存在差异，所以制作出来的每个标本也会呈现不同的结构。运用铸型技术，可以将人体结构变成一件艺术品。

仔细观察，你会发现这个人的手，有着桡动脉、尺动脉两个大血管干，但是另一个人的手，除了桡动脉干和尺动脉干外，还有一个正中动脉干，这就说明每个人手上的血管分布不一定相同，这就是个体差异。

看这里，又有一个人体胸部轮廓的标本，同样用铸型技术呈现出了内部的结构。胸廓中，有两个最重要的器官，分别是心脏和肺。在铸型标本中，肺里的支气管用白色来体现，动脉和静脉

心肺联合铸型

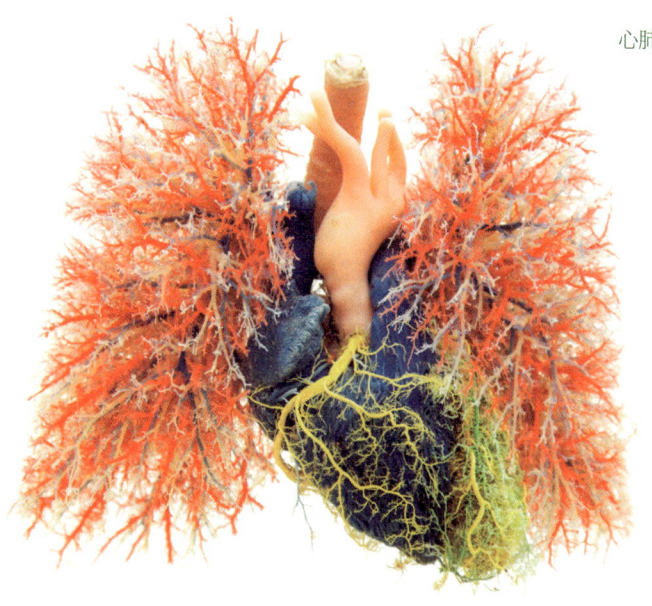

化腐朽为神奇颂里索索

分别是红色和蓝色。而在心脏中，用黄色表示左边的冠状动脉，红色表示右边的冠状动脉，这样就将两条供养心脏的动脉的分布清晰地表现了出来。

陈列馆中，有个肾脏的标本做得最精细，就连其中的微血管都给呈现了出来。看起来也非常好看，就像精致的艺术品一般。但在实际应用上，很多外科医生却并不喜欢如此精细的标本。对于他们来说，在施行外科手术的时候，出血是正常的，但是需要格外关注的是血管主干，而非微血

肾铸型（后面观）

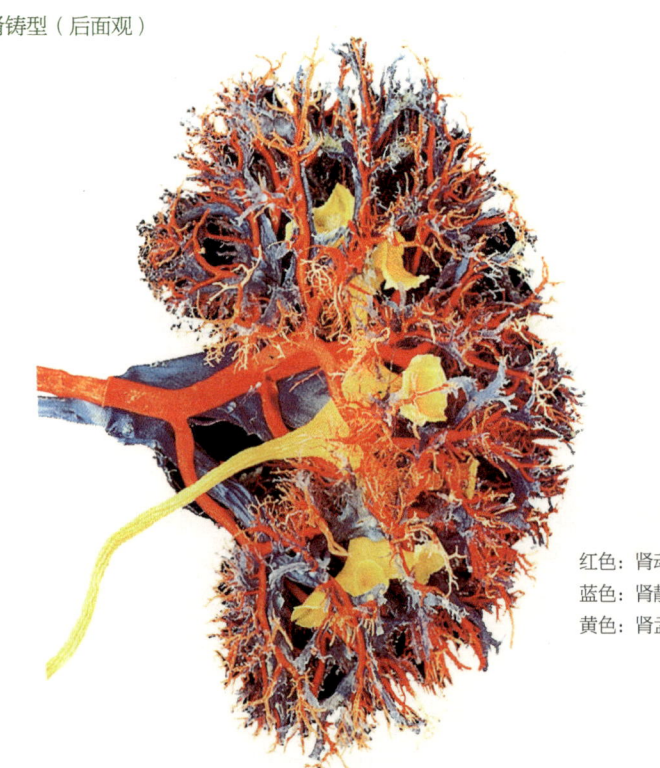

红色：肾动脉
蓝色：肾静脉
黄色：肾盂、肾盏

管。因为微血管出血很容易止住，血管主干就要慎重处理。而过于精细的标本，过于繁芜的微血管呈现，反而会遮挡住更加重要的血管主干。

说起来，管道铸型技术本身也有着不短的历史。早在15—16世纪，大名鼎鼎的达·芬奇，就曾经用熔化后的蜡注入脑室中，制作出脑室铸型标本。

此后，人们一直在尝试使用不同的填充物质，譬如低熔点的合金、牙科用的可塑物质等。

但是，这些历史上使用过的填充物质都有着各种各样的问题，譬如凝固过快，不利于加压灌注，也不适用于小血管系统。

钟世镇等人，在尝试铸型人体标本制作过程中，首先使用了制作乒乓球的材料——赛璐珞（硝酸纤维素），但是赛璐珞的化学稳定性比较差，进行腐蚀处理时，稍有不慎就会破坏其分子结构，导致脆裂，造成标本的极大浪费。

在对多种填充材料进行试验后，钟世镇精选出了一些比赛璐珞更加适合用作铸型填充剂的化工原料，如过氯乙烯、ABS、改性聚苯乙烯等。

理想的填充剂要符合几个条件：配制容易，操作简便；室温条件下，在短时间内，就能够自行凝固；理化性能好，能够耐受强酸强碱，既有柔韧性，又有支撑性；颗粒细小，溶解速度快；毒性低，磁极性小；容易与颜料混合，能够保持色彩的鲜艳而不褪色；来源广泛，价格低廉；成型饱满，收缩率低。

有这么多的限制条件，可想而知，要得到合适的填充剂是多么不容易。而且事实上，科学家们也还没有找到一种十全十美的填充剂，每一种填充剂都有着各自的优缺点。所以，在实际制作中，只能按照器官组织的形态特点，并根据研究观察的

化腐朽为神奇硕果累累

不同目的来选择合适的填充剂。

为了找到合适的填充剂，钟世镇可是花了很多的精力。在上海工作期间，只要有空，他就会和刘正津一起，穿梭于大街小巷，去每一家化工厂求教。一来二往的，那些他们经常去的化工厂的技术人员们，都和他们成了朋友。

这些技术员也特别喜欢钟世镇他们。因为他们自己都没有想到，每天都在接触的化工产品，居然可以在人体标本的制作上发挥重要作用。而且钟世镇和刘正津虽是科研人员，却都非常谦和好学没有架子，每次都带着已经灌注制作好的小器官标本前来，向这些技术员们请教制作方法、过程、配方，指出存在的缺点、问题、原因，提出要改进的关键点、配方和方法。他们这种认真诚恳的态度，赢得了技术员们的好感。

通过不断的摸索，终于确定了一系列的可用填充剂。其中，塑料填充剂是最为常用的一种。

解决了填充剂的问题，就要落实灌注成型的技术环节。灌注成型的方法，分为溶剂挥发后凝固成型法和化学反应成型法两种。

某些塑料能够溶解于挥发性的有机溶剂，可配置成液态的灌注剂，注入人体器官的管道之后，溶剂逐渐挥发，而塑料就凝固填充在了管道之中。

这种做法的好处在于操作比较简便，但缺点是收缩较明显。所以采用这种方法灌注，往往要补注填充剂，甚至多次补注，才能实现管道的充盈饱满。

而化学反应成型法，则是指在引发剂和促进剂的作用下，通过化学反应，将低分子液态聚合成高分子固态的方法。这种方法可以做到一次灌注完成，避免了前一种方法需要多次补注的麻烦。

那么，灌注具体是怎么回事呢？是不是就像我们在医院打针一样？简单地说，可以用打针的方式来理解。

进行铸型标本的灌注时，首先要准备好注射器和插管。因为一般都是将单个脏器或者人体的局部制作成标本，很少将整个人体铸型，所以一般只要使用注射器就可以完成灌注。常见的注射器有玻璃注射器、金属兽用注射器和塑料注射器。

准备好灌注的设备，下一步就要对人体材料进行必要的处理了。

所谓的处理，首先要看人体材料的质量，原则上要求新鲜、无破损且管道通畅。新鲜指的是人体材料没有腐败，或者自溶现象轻微、未经防腐固定液的处理。然后，经过取材、管道冲洗和解冻之后，就可以开始插管和灌注了。

人体标本制作中，最为理想的人体材料是什么样的？你能想得到么？就是那些因为外伤大失血而致死的材料，因为这样的材料血管不用冲洗。

接下来就是插管，这也是决定灌注成败的关键步骤。使用导管插入管道，只要选用的插管管径合适，将其插进管道并不困难。难的是插好管后，要结扎牢固，避免在灌注过程中溢漏或滑脱。

现在，导管顺利插入管道，就可以开始灌注了。在注射器中倒入填充剂，再装上活塞，排出注射器内的气体，缓缓地将填充剂通过插管注入器官中。直到灌注入足够的量，那么灌注的流程就算是大功告成。

不过，别急，我们之前说过，有可能还需要补注液态塑料。采用溶剂挥发后凝固成型的塑料填充剂，往往需要再次或多次

化腐朽为神奇硕果累累

补注，才能得到饱满的外形。

接下来的工作，就要进入腐蚀和冲洗的环节了。在这个时候，管道中已经充满了填充剂，那么就要使用物理或者化学的方法，去除不必要的组织，使管道的铸型充分显示出来。腐蚀方法有很多种，譬如自然腐蚀法、酸腐蚀法、碱腐蚀法、混合腐蚀法、局部腐蚀法和碳化法等。

以酸腐蚀法为例，这种方法适用于耐酸填充剂铸型的标本，将已经灌注完毕的器官浸泡在强酸中，肌肉、骨骼等组织都会被腐蚀掉，最后只剩下铸型的结构。

到这里，是不是就可以说大功告成了？

且慢，还有最后一步工作要做。那就是将腐蚀处理过的标本洗涤后再进行修整。这个时候，就要求技术人员如同一个艺术家一样，对自己的作品进行后期加工，使标本造型完整美观，并保持正常形态和位置。

只有经过这一步之后，我们才可以说，一件管道铸型标本，终于完成了。

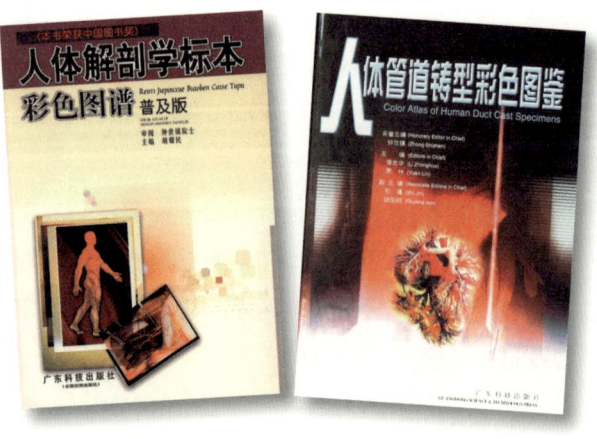

广东科技出版社出版的钟世镇的著作

临床应用 解剖学

1979 年，在担任了第一军医大学（现南方医科大学）解剖教研室主任之后，钟世镇就一直在努力推动着临床应用解剖学的发展。他希望能够将解剖学从纯形态学描述中解放出来，与临床医疗实践相结合，实现其在临床上的应用，推动解剖学学科的进一步发展。

其实，临床应用解剖学也不是一门新的分支学科，在医学上同样有着悠久的历史。但是随着时代的发展，传统的应用解剖学并没有形成解决临床医学发展中关键问题的研究高潮，而是长期处于停滞不前的状态。

以临床外科手术为例，手术是否能够成功，其实关键就在于能否合理地运用解剖学理论，为临床外科的手术设计方案提供科学性很强的依据。当外科医生施行手术的时候，其实就如同军事家指挥作战需要一幅详尽而准确的军事地图一样，也需要有解剖学研究的科学资料作为指引。

临床应用解剖学规律性、理论性的成果，可以通过各种不同的统计分析，指导临床医生在遇到不同的个体时，能够提出最佳的应急对策。而且，只有那些十分熟悉和熟练掌握应用解剖学理论的医生，才能在遇到突发情况时，做到沉着应对，化险为夷。

检验临床应用解剖学最好的方法，就是实践。

化腐朽为神奇续生素

此时，恰好有一个病例摆在了钟世镇的面前。

原来，第一军医大学附属珠江医院，收治了一名瘢痕形成特别严重的尿道缺损男性患者。这位患者经过了长期治疗以及多次手术，却仍然无法治愈缺损部位，所以要长期提着一个带橡皮管的玻璃瓶，用于排尿。

当时，珠江医院的泌尿外科专家张兆武有个想法，想寻找一种能够代替缺损部位的理想移植物，并且想到了阑尾这一人体中早已退化、却又存在的器官。阑尾具有完整的管壁和管道，用它来替代缺损的尿道，是否可行？

于是，张兆武找到了钟世镇寻求帮助。他自己对于移植体和受区的血管及神经分布并不熟悉，希望钟世镇能够为他提供意见和方案。

钟世镇从应用解剖学的角度，仔细研究了相关部位的生理结构后，按照手术的要求，将有关供体和受区的资料提供给了张兆武，并且参与到手术方案的设计中。

最终，手术宣告成功。患者从此告别了手提导尿瓶的痛苦，而且也用事实证明，解剖学与临床应用相结合，有非常实用的价值。

从此，不断有临床外科的课题找上门来，涉及修复颅部缺损、颜面部缺损、食管缺损、胃肠道缺损、四肢缺损、泌尿生殖部缺损等。

1982 年，钟世镇被邀请到福建漳州讲学。这时，恰好有一名当地的青年农民在劳作的时候被拖拉机绞伤右手掌，造成第二、第三掌骨严重缺损，除了大拇指外，其余四根手指的功能也完全丧失。

这该怎么办？负责治疗的部队 175 医院外科杨立民主任，

也考虑使用伤员肩胛骨的脊柱缘部分，移植过来修复缺损的掌骨。

如同张兆武一样，杨立民虽然有这样的想法，但是否能够实现，他心里也没有谱。而此时，正好到医院讲学的钟世镇给杨立民带来了希望。他马上向钟世镇请教，钟世镇经过慎重的分析和考虑之后，认为杨立民的想法具有创新性，很大胆，但是从解剖学的角度来分析，却发现肩胛骨脊柱缘并不是一个理想的供区。

钟世镇认为，这个部位的供骨量不足以修复伤员掌骨的缺损需求，另外，血管神经的分布也不理想。

此时，钟世镇提出了"肩胛骨腋缘移植修复掌骨缺损"的创新性术式。

钟世镇再次用实际案例验证了临床应用解剖学理论的有效性。经过应用解剖学的分析，原来

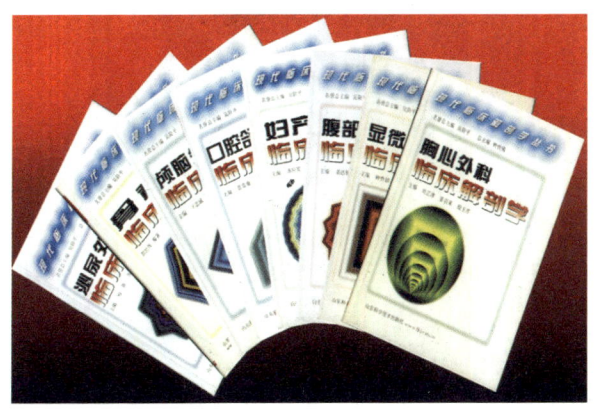

《现代临床解剖学丛书》

化腐朽为神奇硕果累累

并无把握的设想，变成了科学性强、设计合理、富有创新性的重要术式。

这一案例还深受媒体关注，不仅漳州本地的新闻媒体争相报道，连《南方日报》也刊登报道。

术后一年又八个月，患者的右手掌功能正常，恢复了劳动能力。175医院还因此荣获了军队科学进步二等奖。

钟世镇也将这一案例写成论文《肩胛骨移植修复掌骨缺损的应用解剖学研究》，发表在了《中国临床解剖学杂志》上。

他认为，"正如文学艺术创作的源泉是人们的社会生活一样，临床发展的需要，是临床解剖学选题的源泉。"

于是，在现代医学走入了电镜技术、免疫组化技术、分子生物学等高技术水平时，现代临床应用解剖学应运而生。

钟世镇和其他临床解剖学学者一起，与临床学者紧密协作，

《钟世镇临床解剖学图谱全集》

《钟世镇现代临床解剖学全集》

摆脱了传统的单纯描述形态结构为主的系统解剖学模式，建立起紧密联系临床实际，以解决临床发展需要为主的现代临床解剖学。

　　而钟世镇参与创办的《中国临床解剖学杂志》，可以看作是我国临床解剖学诞生的标志。与国外的临床解剖学相比，我国临床解剖学的特点是，临床解剖学者绝大多数从医学院校毕业，而国外则多数从生物学科领域毕业。

显微外科、显微外科解剖学

　　可以说，显微外科解剖学的发展，是对临床应用解剖学的更深入推进。而钟世镇之所以积极推进显微外科解剖学，同样与他的实践经历有关。

　　1979 年，中国对越自卫反击战打响。战斗中的不少伤员被转运到了位于广州的第一军医大学进行治疗。其中，有不少伤员都属于神经损伤，即使施行了缝合手术，四肢依然没法如常运动，肢体功能的恢复很不理想。

医生们心急如焚。这些伤员可都是为了祖国在前线奋战的英雄，就这样带着终身的残疾出院，医生们怎么可能心安？

在参与治疗的过程中，钟世镇意识到，之所以会出现这样的情况，问题在于施行缝合手术时，神经断面并没有准确对位，才会造成再生的神经纤维错乱，无法恢复原有功能。

他不禁陷入了沉思，对神经、微血管之类的高难度手术，临床应用解剖学能否派上用场？

那时他联想到，显微外科已经发展起来，并且已经将外科学推进到了一个崭新的阶段，但是解剖学却好像与之错过了一般，没有与显微外科手术的主要操作对象——小血管、小神经对接。传统的人体解剖学并不会将这些细小的分支作为研究的对象，而微观组织学却又认为这些细小分支过分粗大，也不予研究。这也就是说，在宏观和微观学科领域之间，形成了一个空白地带。

既然是空白，就应该有人去填补它。

钟世镇意识到，又有一个创新发展的新领域等待着他去开拓。他首先投入到周围神经修复治疗的解剖学研究中，将神经创伤缺损的问题，在解剖室中对着实体反复研究，琢磨血管走向、神经分布、肌肉韧带等结构问题。

最后，他决定将研究的突破口放在正中神经、尺神经、桡神经、坐骨神经的显微外科解剖学上。这些神经主导着四肢的运动和感觉功能，将这些神经内部的运动和感觉神经束详细解剖，将每一个平面、每一个位置的毗邻关系搞清楚，并且将一系列错综复杂的变化，概括为理论性的、带规律性的原则，就能指导临床，可以帮助医生选择最合理的周围神经缝合方式，为准确的神经功能对位提供科学依据，从而提高伤员手术后肢体功能的康复率。

钟世镇夜以继日地写出多篇相关论文，并且将理论应用到临床实际，取得了很好的效果，数十名神经损伤的指战员的肢体功能都得到了很好的恢复，其中不少人重新返回边防前线。

第二年开始，钟世镇正式重点对显微外科解剖学进行深入而广泛的研究。

显微外科临床的发展与显微外科解剖学是不可分割的，许多解剖学传统意义上被忽略的小血管、小淋巴管、小神经、小管道等，都已经升级为显微外科手术中的重点操作对象。但是这些结构在传统的解剖学教科书和参考书中，并没有现成的资料可以查阅，以往应用解剖学的研究，已经不能满足新兴分支学科的需要。

显微外科，简单来说，就是指不同于肉眼观察条件下进行的手术操作，而是运用手术显微镜，进行细小血管和神经的缝合，或者在器官上进行特别精细的切割分离手术。例如，在进行断肢再植的时候，要将断离的部分接上，就必须将血管缝合接通，恢复血液循环，否则组织就会因为缺血而坏死，血液循环系统一旦接通，那么断离再植的肢体就能够成活。

在这种情况下，如果血管直径比较大，医生还可以凭借肉眼的观察进行缝合，但是如果血管直径过小，肉眼观察很困难甚至无法观察，那么就需要借助光学放大设备来进行手术，也要求有更加精细的缝针和缝线等器械。

早在 1921 年，瑞士医生就第一次在双目手术显微镜的帮

087

化腐朽为神奇 硕果累累

助下施行了内耳手术，治疗耳硬化症取得了成功。而在 1950 年，外国医生在手术显微镜下进行角膜缝合，将显微外科推进到了缝合操作的新领域。

1960 年，又有医生在显微镜的帮助下，对直径仅有 1.6~3.2 毫米的细小血管进行吻合，这在显微外科发展中是一项重要的突破。对如此细小的血管吻合，在漫长的医学史中，都是不可想象的事情。

随后，医学家们还在实验室里，对那些可爱的小白鼠进行了显微外科手术并且获得成功。他们进行了小白鼠的门腔静脉分流手术，甚至还进行了肾脏移植和心脏移植。小白鼠的血管可比人的血管要细小得多了。

也正是有了显微外科技术的发展，所以才让断肢再植等高难度手术顺利成功。

1966 年，上海市第六人民医院的陈中伟、钱允庆教授，为一名工人接好了完全断离的右前臂，这是世界医学史上的首例。

而对于钟世镇来说，他必须想清楚一个问题，究竟应用解剖学与显微外科之前，如何进行融合？

通过大量病例，钟世镇意识到，当需要移植人体的其他部位去修复受损肢体时，必须首先要搞清楚"供区"与"受区"的局部解剖学情况，否则移植手术就可能失败。

这些解剖学情况，包括了动脉与静脉的分支、分布、走向、粗细、深浅、吻合状况及周围神经的性能、分布和骨骼与肌肉的位置、形态等一系列内容。

难点在于，这些情况并非千篇一律，每个患者都存在个体差异，因此必须针对每个不同的个体做专案研究。

钟世镇也知道，只要有足够的数据，就可以将这些看似千差万别的案例，经过统计后，找出其中的规律，上升为理论。而形成理论，正是钟世镇努力的方向。

《显微外科解剖学基础》

在钟世镇的指导下，当时的广州市番禺县人民医院骨科，为一名缺损长度达 25 厘米的正中神经缺损者，移植吻合血管的腓浅神经修复成功，成为当时的医学奇迹，被收入了《20 世纪广东科学技术全纪录》。

曾有一名女患者，由于长期过度的劳累，患上了股骨头缺血性坏死症。这种病会导致股骨头结构改变、股骨头塌陷、关节功能障碍等，是骨科领域多发的难治性疾病。

1994 年，这名患者来到广州中医学院第一附属医院进行治疗。负责为其治疗的广州中医学院教授袁浩，研究了一种新的治疗方法——血管植入术，将血管植入已经坏死的股骨头内，恢复股骨内的供血，治疗坏死。

但这种治疗方法是否可行，袁浩也是心中打鼓。根据以往的经验，曾经出现过病症复发、重新坏死的情况。那么相应的，就必须采用另一种手术方法——股骨头置换术，通过手术把坏死的股骨头摘除，置换成人工制作的股骨头。

化腐朽为神奇领strifeld

如何判定植入股骨头的血管是否成活？是否需要改为股骨头置换术？

带着这些疑问，袁浩向钟世镇请教。在钟世镇的指导下，他的学生、全国人体解剖技术组组长、高级实验师王兴海，采用了血管塑性与临床解剖相结合的方法进行验证，验证结果表明，血管植入部的周围已经有新骨生成。

但是，情况却并不乐观。股骨头坏死复发情况，果然在女患者身上发生了。

为此，钟世镇陷入了沉思，甚至一连数日都睡不着觉。

他想到，如果血管植入手术失败，股骨头继续坏死，那就说明问题应该出在供区上，而新植入血管周围又有新骨生成，说明血液已经到达了这些部位，为新骨的生成提供了养分。但远端没有新骨生成，显然是血液还没有到达，那么能否从不同的方向多植入几条血管，扩大供区范围，增大血液流量呢？

于是，钟世镇根据血管再生的状况，运用显微外科解剖学的知识，提出自己的设想。袁浩重新在股骨头内选点后，同时植入多支血管，结果正如钟世镇设想的一样，坏死的骨头果然成活了。

由钟世镇推动发展起来的显微外科解剖学，能够解决显微外科临床上的新问题，针对临床的要求，提供新术式的解剖学依据。传统解剖学并没有涉及显微外科领域，所以也缺乏对显微外科形态学结构的描述，如果贸然开展创新术式，会引发危及病患的巨大风险；有了显微外科解剖学的基础理论依据，可以指导显微外科开展创新型实践，帮助医生设计临床创新术式；更重要的是，有了显微外科解剖学的支持，显微外科才从外科技术的配角，逐渐发展成为新的分支学科"显微外科学"，并形成完整而系统的理论体系。

通过努力，钟世镇陆续在多个显微外科解剖学研究领域取得了突破性的成果。

其中，皮瓣显微外科解剖学，从发掘个别皮瓣供区，逐步提高到认识皮瓣血液供应的规律性过程；肌间隙、肌腔隙和肌皮动脉缘支等皮肤血管走行规律被认识；完成皮瓣供区"由少到多，又由多到少"的发展过程，不断发掘和发现从未开展过的新术式，由少数几处供区，发展出 50 多个供区，又在已有大量皮瓣供区可供选择的情况下，一些对供区功能损害小、供皮面积大、部位隐蔽、血管蒂长径粗、操作简便、安全可靠、兼有感觉神经等条件较为优越的供区，成为常规性供区。

在骨瓣和骨膜的显微外科解剖学方面，开拓了带血管蒂或吻合血管—肩胛骨、桡骨、尺骨、肱骨、股骨、胫骨、掌骨、髋骨等新的骨瓣或骨膜骨瓣新供区；开展吻合血管腓骨骨骺移植，治疗儿童长骨缺损。

《显微外科解剖学》

显微外科解剖学
XIANWEI WAIKE JIEPOUXUE

在肌瓣、肌皮瓣显微外科解剖学方面，掌握了肌肉血管神经分布，为临床合理裁剪移植体提供了依据；通过对骨骼肌的缺血性实验，证明骨骼肌缺血性坏死后，在一定时间里能够再生。

手功能重建显微外科解剖学方面，针对拇指甲皮瓣术后出现的部分供区皮肤坏死，从血液供应方面

化腐朽为神奇硕果累累

研究，分析坏死原因，提出防止坏死的措施；对指屈肌腱和腱组织的血液供应研究，为肌腱缺损后的修复提供了理论依据。在足趾移植重建拇指的术式中，当原有供血系统发生变异时，钟世镇创新性地提出了可供代偿的"第二套血供"的解剖学理论依据。

颅脑显微外科解剖学方面，配合颅内动脉瘤、脑动静脉畸形和颅内外动脉搭桥手术，对桥静脉结扎后血液回流进行了实验形态学探索；探讨第三脑室、松果体、垂体窝、环池区有关肿瘤手术的途径；探讨血管压迫脑神经根引起的疼痛，如桥小脑角、三叉神经根部等手术方案，为显微血管减压手术提供了依据。

临床解剖 生物力学

2003 年 10 月 15 日，"神舟五号"飞船首次载人升空，21 小时后返回地面。当返回舱落地的时候，宇航员杨利伟在巨大的冲击力下，感到异常不适，脊柱更是感到了剧痛。

因此，在非正常着陆时，减少对人体冲击造成的伤害成为中国航天事业发展上一个亟待研究和解决的技术问题。

为此，从 2004 年开始，钟世镇及其团队设计了假人跌落等系列实验，重点考察了颈椎和腰椎等部位的受力情况，为航天员增添颈托和加强座椅弹性等改进方案提供了实验依据。

2004 年，钟世镇与
杨利伟合影于航天
医学研究所。

　　钟世镇不是长期从事解剖学领域的研究么？为什么会参与
到这种涉及力学的研究课题中去？难道为了达到缓冲的目的，
也要用到解剖学的知识么？

　　原来，20 世纪 80 年代中期，钟世镇又开拓了一个新的研
究领域，名叫"临床解剖生物力学"。

　　临床解剖已经在前文中进行了详细的介绍，那么生物力学
又是什么呢？其实，我国的中医，就是典型的生物力学的应用，
譬如指压止血、骨折牵引治疗、中医推拿疗法等。生物力学是
生物学与物理学中的力学原理相结合的跨学科专业。人体的结
构本身也遵循着力学的规律，因此在进行临床治疗的过程中，
将生物力学的理论和方法，与人体解剖学的优势相结合，可以
探索出一条新的道路来。

　　在医学中，力学有其各种不同的研究领域，如生物流体力

化腐朽为神奇领异索隐

学和流变力学，应用于人工心瓣膜设计、体液、血液、胆汁流变特性等方面的研究。但，钟世镇考虑的是，将生物固体力学与人体解剖学结合起来，并将这一有待开创的学科命名为"临床解剖生物力学"。

20 世纪 60 年代，美国人成功登月之后，一部分著名专家就开始关注力学和医学的结合。而在我国，虽然也有开展相应的研究，但是都属于以理工科为主的生物力学，很少与医学进行结合。

1986 年，"第一军医大学临床解剖生物力学实验室"成立。

在这个实验室中，有一台非常先进的生物力学设备"MTS型实验机"，这台实验机的双轴，可以同时运动，可以进行金属或者骨骼的疲劳试验。

随着不断的发展，脊柱运动三维实验机、小型扭转实验机、超声图像仪、小型 X 光机、激光衍射仪、动态电阻应变仪、压电加速度传感器、有限元分析研究装置等一大批设备都陆续进场。这样的仪器设备，如果还是按照以往的解剖学研究思维，哪里可能派得上用场？

在精心打造之下，这个实验室已经能够提供创伤基础研究服务，成为一家"开放型"的医学生物力学重点实验室。所以，才会出现神舟飞船"返回舱非正常着陆冲击试验"这样的研究课题由钟世镇团队来负责的情况。

逐渐地，临床解剖生物力学的应用领域越来越广泛，一直延伸到了创伤骨科、心胸外科、矫形外科、颅脑外科、急诊外科等学科。

其中，应用最多的，自然就是骨科的临床实践，毕竟骨头作为人体的支撑结构，每天都要承受各种力的作用。而骨折发生的机制、骨折固定方法的改进、人工关节的研制、脊柱畸形的矫正、脊柱内外固定器材的研制，都与解剖学形态结构密切相关。

钟世镇还主持建立了"广东省创伤救治科研中心"。中心以高等院校多个重点实验室为主要技术平台，联合全省30多家医院和广州市交警支队等，组成一支覆盖多学科、开展创伤救治基础与临床应用相结合的科研大军。

这个跨学科协作的研究团队，先后研发了创伤救治器材20多种，获得国家级和省市级多项进步奖，编著出版了《突发灾害事故伤应急救护与阶梯治疗》和《灾害事故伤自救手册》等专著和科普著作。

针对交通事故中致死、致残的主要原因——脑脊髓创伤，团队研究了脑脊髓创伤快速救治关键技术，研制了有自主知识产权的器材和规范交通伤院前快速救治方案。重点攻关研究"交通伤第一时间的抢救技术和器械研发"，降低了广东省交通伤亡率和致残率。

数字医学 研究、研发数字化构件

化腐朽为神奇硕果累累

在参与"返回舱非正常着陆冲击试验"中，除了运用到临床解剖生物力学的研究方法之外，还需要一个很重要的"成员"参与其中——那就是一个高度逼真的假人。要进行试验，就必须一次次地模拟返回舱坠落的场景，收集舱体内人员所受到的冲击力的数据。这样的情况下，显然不可能用真人来参与实验，所以必须用一个与真人高度相似的假人来参与。

现在，汽车在进行冲撞实验时也会使用到这种假人。

返回舱即便有多重降落伞、反推火箭的"避震"作用，但是自身重量很大的返回舱加上重力加速度，依然可能给舱内航天员带来巨大的冲击。

对未来航天事业的发展来说，多次往返太空和长期在太空中生存，有许多技术问题需要研究和解决。比如该如何进行防护，使得航天员免受伤害？在太空中，失重状态下，人体的生理机能会如何改变？宇宙辐射对人体会有哪些伤害？这一系列的问题，都要通过模拟实验来获得答案。

这样的假人，不是一般的模型就可以的。从2002年开始，由钟世镇团队研究的"中国数字化人体数据集"（简称数字人），为制作这种逼真的假人提供了科学依据。

"数字人"这个概念，起源于1989年美国国立医学图书馆发起的"可视人计划"。是通过计算机技术，将人体结构数字化，在电脑屏幕上出现看得见的、能够调控的虚拟人体形态。

其制作首先需要选取一具尸体，用精密切削刀将人体横向切成非常薄的片，每切下一片，就利用数码相机和扫描仪对切面进行拍照、分析，之后将数据输入电脑，最后由电脑合成三维的立体人类生理结构。

从这里就可以看出，数字人的背后，一定是有着扎实的解剖学理论作为依据的。

2001年，在第174次"香山科学会议"上（香山科学会议是我国举办的一个以基础研究的科学前沿问题和我国重大工程技术领域中的科学问题为主题的会议），钟世镇担任了执行主席，首次研讨了"中国数字化虚拟人体的科技问题"，他也因此成为数字人的主要倡导者。

2002年，数字化虚拟人系列研究被列入国家"863"项目并正式启动——中国要成为继美国、韩国后第三个拥有本国虚拟人数据库的国家。

钟世镇参加了课题组的指导工作。他定的目标很高——中国的虚拟人与美、韩相比，必须具备后来居上的技术优势，他确定了三个技术突破方向——标准人体选取和尸体处理、人体标本切片精密度、首创人体结构染色，他要制作世界上第一个"彩色虚拟人"。美、韩的虚拟人对人体

建模

应用数字化虚拟技术，显示切除骨刺的过程。在这个过程中，术者可以体会到力度，计划切除的范围。（南方医科大学张美超提供）

数字化虚拟人

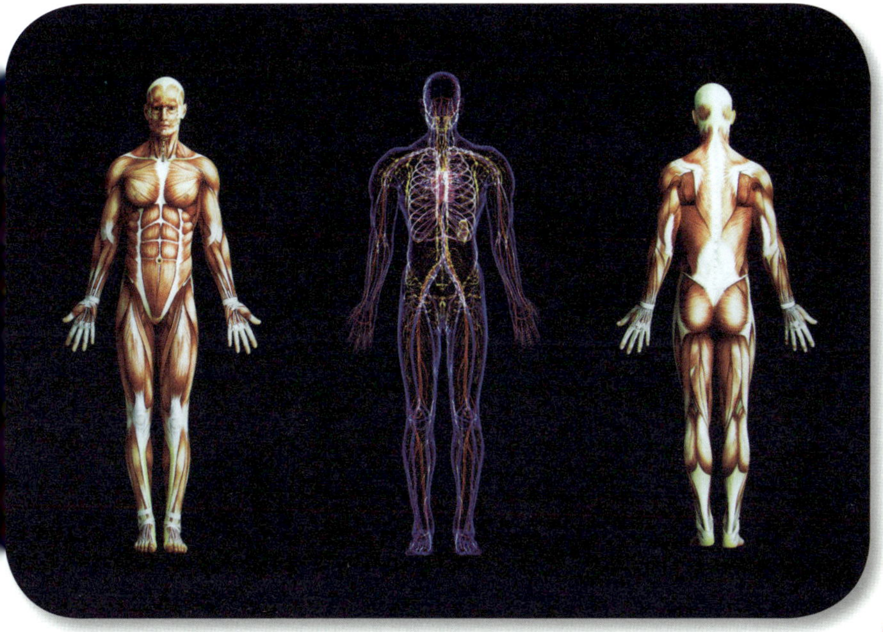

化腐朽为神奇的塑化

血管系统均未做前期处理，只能后期由解剖学家来人为勾边，欠缺科学性。钟世镇采用世界领先的血管灌注技术，把人体的动、静脉系统做了不同的充色处理，两套系统形成鲜明对比，这就是"彩色虚拟人"。

2003 年，钟世镇的课题组完成了国内首例女虚拟人的数据采集，把一具标准女尸从头到脚平切成 8 556 个人体横断面；此后，又完成了"中国数字人男一号"的切片工作，拥有 9 200 个平面。所有资料输入电脑进行人体的三维立体重建，形成了看得见、摸不着的"数字化虚拟人"。

3D 打印

这是 3D 打印机正在打印一只手的模型。获得这只手的 3D 数字模型后，再将其切片，3D 打印机就可以根据切片数据逐层打印，最终叠加成这只手的模型。

3D 打印技术在临床医学领域的一项重要创新就是打印义肢，与传统制造工艺相比，3D 打印义肢具有生产成本低和生产周期短等优点。特别是对于少儿患者，由于随着年龄的增长，义肢需要多次更换，采用 3D 打印的义肢便可减轻家庭的经济压力。（南方医科大学黄文华提供）

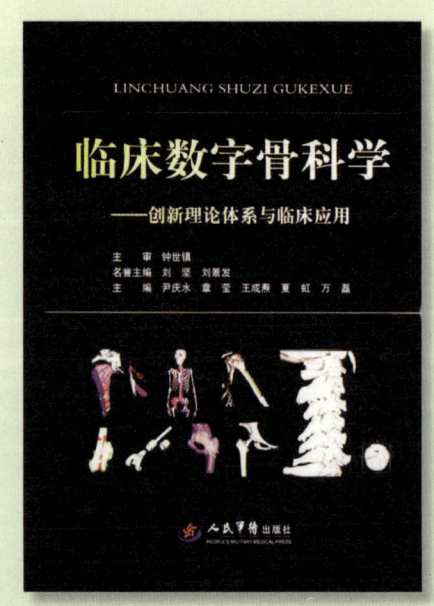

《临床数字骨科学——创新理论体系与临床应用》

2003 年，在我国数字人研究取得初步成果后，钟世镇再次以执行主席的身份，召开了第 208 次香山科学会议，研讨"中国数字化虚拟人体的发展和应用"，在中国人体数据库初步建成后，迅速推向开拓应用。钟世镇被推选为"中国数字人研究联络组组长"。

2007 年，钟世镇主持召开了"中国首届数字医学研讨会"，将数字化技术与临床各专科密切结合，开拓了医疗问题上的实质性创新。

在这个学术新领域尚未建立起正式学术团体之前，他又被选为"中国数字医学研究联络组组

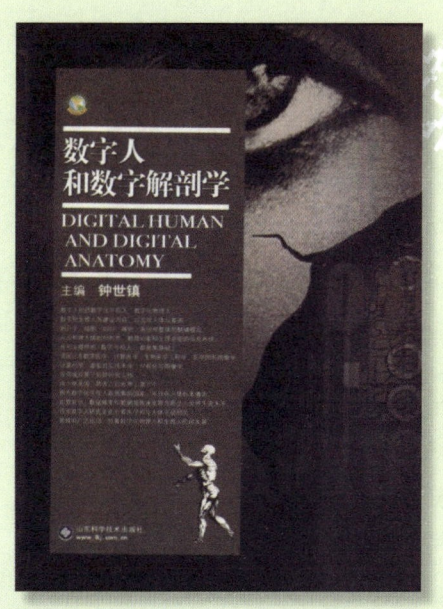

我国在这个领域的第一部专著《数字人和数字解剖学》

化腐朽为神奇硕果累累

长"，为全国不同学科学者们的交流、沟通、团结、协作起到重要的纽带作用。他主编出版了我国在这个领域的第一部专著《数字人和数字解剖学》。在他的倡导和实践中，我国的数字人和数字医学进展很快，不仅缩小了与国际上原有的差距，而且创建了有中国特色的、有血管显示优势的大批数字化构件，结合临床应用，闯出新的途径。

现在，通过电脑技术的处理，"数字人"可以模拟外力给人施加作用力时的反应，医生在手术前也可以在"数字人"身上先用刀，起到虚拟仿真效果。有了数字医学的帮助，外科医生把病人的数字资料输入电脑重建，用鼠标代替手术刀先做一次手术演习，这样就可以让手术做得更准确。

不过，钟世镇也强调，在制作数字人的过程中，切片并不是越薄越好。因为数字人研究分为四个阶段："虚拟可视人""虚拟物理人""虚拟生理人"和"虚拟智能人"。而制作人体切片，属于构建"虚拟可视人"的第一阶段。虽然在理论上，切削精度越高越好，可以获得更为精致的人体数据，但是在实际中，精度越高，得到的数据集就越大，就需要更高性能的计算机来处理海量的数据。如果将 0.2 毫米的片层间距变为 0.1 毫米时，数据量就将由 150GB 变为 1 200GB 之多，数据量一下子提高了 8 倍。而如此大的数据量，将使得后续的开发只能在少数拥有海量存储和超高速运算计算机的单位进行，会导致研究成果难以推广应用。

3D 打印的部件